翻盘

互联网时代的垂直创业法则

萧文鹏　著

人民邮电出版社
北　京

图书在版编目（CIP）数据

翻盘 : 互联网时代的垂直创业法则 / 萧文鹏著. -- 北京 : 人民邮电出版社, 2015.10
ISBN 978-7-115-40458-9

Ⅰ. ①翻… Ⅱ. ①萧… Ⅲ. ①企业管理 Ⅳ. ①F270

中国版本图书馆CIP数据核字(2015)第220056号

内 容 提 要

本书立足于互联网环境下垂直领域创业，从垂直领域的创业故事到具体实操，不论是案例，还是实操方法，都对垂直领域的创业者有很强的借鉴意义。书中重点围绕“垂直领域内的行业垂直化、市场垂直化、人群垂直化、产品垂直化、服务垂直化、传播垂直化”来对垂直领域进行全面解读，是垂直创业领域内不多见的实操书籍。

本书语言流畅，逻辑严密，案例选取既有代表性，又具有实操指导意义，是垂直领域内创业者的必备参考书，尤其对那些想要在被巨头吞噬的行业内持续生存者和行业新入场者有较大的借鉴意义。

◆ 著　　　　萧文鹏
　责任编辑　李士振
　责任印制　周昇亮
◆ 人民邮电出版社出版发行　　北京市丰台区成寿寺路 11 号
　邮编　100164　　电子邮件　315@ptpress.com.cn
　网址　http://www.ptpress.com.cn
　北京鑫丰华彩印有限公司印刷
◆ 开本：720×960　1/16
　印张：13.75　　　　2015 年 10 月第 1 版
　字数：280 千字　　　2015 年 10 月北京第 1 次印刷

定价：39.80 元

读者服务热线：(010)81055296　印装质量热线：(010)81055316
反盗版热线：(010)81055315
广告经营许可证：京崇工商广字第 0021 号

序

“互联网 + 大”不一定大，“互联网 + 小”不一定小

2015 年 3 月，庄严的人民大会堂，第十二届全国人大第三次会议正式开幕。正是在这次会议上，李克强总理掷地有声地提出：制订‘互联网 +’行动计划，推动移动互联网、云计算、大数据、物联网等与现代制造业结合，促进电子商务、工业互联网和互联网金融健康发展，引导互联网企业拓展国际市场。

这是“互联网 +”战略提出之后，第一次正式出现在国家最顶层的决策语境中，这也意味着互联网这一广袤舞台，将会伴随着移动浪潮的席卷，为每个行业、每个创业者提供巨大的机会。

时代再次发出集结号，如何认识“互联网 +”，如何利用“互联网 +”，是创业者应该深入思考的问题。

从字面上来看，“互联网 +”，意味着创业者利用互联网平台，将互联网和传统行业加以结合，在新的领域创造新的商务生态。然而，创业者又不能简单地认为，只要将互联网和某个传统行业加以结合就能够成功创业，因为“互联网 +”早已不是什么新鲜事物。

我们可以看到，那些大型的、综合的行业，在过去十年中，早已在资本的力量下和互联网融为一体。传统的零售业和互联网相遇，便诞生了淘宝；传统的家电卖场和互联网相融，便诞生了苏宁易购；传统的金融业和互联网合作，便出现了支付宝……实践证明，“互联网 + 大”在第一波互联网创业浪潮中，已经为创业者带来了丰厚的回报。但 B（百度）、A（阿里巴巴）和 T（腾讯）这些旗舰级别的互联网企业背后，是否还有着新的互联网创业机会?

答案是肯定的。尺有所短、寸有所长，“互联网 + 大”并不代表在每一个时间点、每一个领域和每一个市场都会带来“大”的回报，同样，“互联网 + 小”也未见得就只

能面对狭小的创业空间。事实上，移动互联网的创业浪潮，恰恰是“小”的机会，这样的“小”，将同互联网垂直创业所契合。

必须承认，在互联网日益发达的当下，从事互联网创业，如果依然用“大”眼光来寻找“大机会”，成功的可能已然越来越小，大企业们几乎垄断了绝大多数的互联网流量，而新的创业者无法去和这些大佬们比拼，相反，他们需要用过人的眼光进入垂直和细分的领域，再用坚持的耐心，对这些领域进行深耕细作，将之和互联网融合。

表面上看，“互联网 + 大”和“互联网 + 小”只是创业的不同路径，但其最大的不同，在于创业心智模式的不同。

在“互联网 + 大”的心智模式中，创业者不用去考虑什么盈利模式，哪怕用“烧钱”的方式，只要先将流量做大，等到企业有了规模，自然可以吸引风投进入，赚钱也就指日可待。

而“互联网 + 小”的时代，再用这种方法，无异于自绝生路。垂直领域创业，需要你一开始就将业绩做起来，就要能从运营中获得收入，因为唯有如此才说明你找准了市场切入点，为特定的人群提供了利益。

为此，垂直创业者必须要保持清醒，既不要再试图用拉流量的方式创业，也不能盲目跟风，跟着市场上那些已经被炒热的行业网站进行“赌博”。想要成功，必须先要在看清楚垂直趋势的情况下，再利用差异化的思维，找准属于自己的蓝海，找到市场那块你最熟悉的蛋糕，并加以切分，形成垂直细分领域。这样的领域必须具有如此特点：看起来缺乏获取利润的可能，互联网大企业没有兴趣去做，而其他创业者则没有实力去做，但对于特定的创业者，既有机会和实力进入其中，也能设计出准确的盈利模式来生存和发展，从而实现迅速、准确和全面的对特有市场的占领。

从此意义上来看，所谓“垂直创业者中的第三名必然被淘汰”是有相当价值的论断，因为未来的互联网垂直创业，必然分布在不同的空隙市场中，这些空隙市场是那些大型互联网企业无法覆盖到的，其优势在于一旦进行垂直挖掘，就能获得源源不断的利润，而其风险则同样明显——如果创业者不能在某个垂直领域做到最好，这个市场就没有企业的容身之地。

今天的互联网创业者，拥有着传统互联网创业者带来的成功经验和失败教训，有着传统互联网创业时无法企及的市场环境和政策风口，更有着一个已经走向成熟的移动互联网氛围，但与此同时，他们也必须要比传统互联网创业者具备更灵敏的反应能力、更敏锐的观察能力、更强大的心理素质、更周密的创业计划……这不是具体的规定和要求，而是市场发展规律向创业者发出的召唤。

本书正是在这样的背景下应运而生。本书作者是互联网创业领域的研究者和实践者，亲身参与了传统互联网的创业历程，经历过成功路上的搏击和兴奋，也目睹过困难期的失败与痛苦，更对当下移动互联网垂直创业风潮有着深入观察和积极思考。基于作者所具备视角的独特性，本书采用全新案例，将 2013~2015 年诸多垂直创业者的奋斗实践纳入文中，作为分析和研讨的对象，引导读者从中看到垂直创业的内在规律；在理论上，则提供了对垂直创业领域的独特分析，帮助创业者摸清垂直创业的思考脉络，寻求效率最高的创业方向，建构成果最好的创业体系，最终结合实践，形成属于创业者自身独有的创业模式。

本书共分为九部分，第 1 部分为读者展示近年来可称传奇的垂直创业案例，第 2 部分阐述垂直创业的优势所在，第 2 部分到第 9 部分分别是模式、行业、市场、用户、产品、服务和传播方面的垂直化案例和做法。通过对垂直创业者需要考虑的上述因素加以全面、细致的分析，为读者提供了全新的互联网创业模式，也足以让已经身处互联网平台上的企业家对目前的运营方式重新判断与取舍。

互联网创业，曾经是大资本的世界，而今天已经是小垂直的世界，垂直者当善于解决不同人群在生活中的不同“小”问题，提供出精细的“小”服务，打造出提供不同种类满足感的“小”产品，这样的创业才有存在的价值。对于新一代的创业者而言，不必去奢求马上改变世界，相反，他们应该踏实地改变身边的每一个“小”人物，如果你能为其中的每个人哪怕带来百分之十的改变，你就迟早会改变整个世界。

萧文鹏

2015 年 8 月 8 日

目录
CONTENTS

Part4 全球化不能通行全球
——垂直创业之行业垂直化

Part5 水面下的冰山才是主战场
——垂直创业之市场垂直化

Part6 用户购买的核心是私人订制
——垂直创业之人群垂直化

Part7 个性化让风洞大开
——垂直创业之产品垂直化

Part8 开创不计成本的消费模式
——垂直创业之服务垂直化

Part9 只让一个人听到你的声音
——垂直创业之传播垂直化

Part 1

翻盘的“小喽啰”

——传奇的垂直创业者和事

1.1 蓝领效应大于白领效应

互联网创业时代早已开始，移动互联网创业则方兴未艾。在如同雨后春笋般勃发的网站中，创业者们将努力的方向定位在各自“互联网 +”设计中，体现在不断努力和行动中，他们有成功的精彩，也有失败的黯然，而排除各种因素探究其中规律，就必须承认，成败关键，在于“互联网 +”之后所连接的人和事。

速来网的创办者李冠志，就为“互联网 +”后面写上了与众不同的关键词。

一直以来，电商平台、社交网站……都被看作白领精英们在互联网领域中消费和使用的重点目标。然而，李冠志却将“互联网”和“农民工”联系在一起。

李冠志履历优越：牛津大学硕士、微软雷德蒙德研究院副院长。但今天，他创办的互联网平台专为农民工这样的中低层次人才提供工作机会。到底是什么原因让他放弃了在微软研究院的稳定工作，从美国西雅图回到北京城中村，利用互联网云计算为农民工找工作?

此种意念，发乎李冠志的初心。刚刚回国创业时，他并没有完全理清方向，但当他的项目在北京理工大学留学创业园会上做推介时，这样的疑问浮现出来：“白领想要在网上找工作，自然可以上智联招聘、中华英才网这样的专业招聘类网站，然而那些低学历的人呢？尤其是农民工，他们该怎样找工作？”

带着这个疑问，李冠志研究了当时低学历人才找工作的形势，他发现，农民工找工作，只能依靠中介机构，而中介机构局面混乱、资质水平参差不齐，一些农民工几乎是被“骗”了上千元的中介费之后，还是找不到满意的工作……

于是，李冠志决定，将创业的目标集中在低学历人才工作中介的网络平台上，并很快得到了著名投资人——真格天使投资基金创办人徐小平的青睐，双方开始联手打造“速来网”。

在创业之初，李冠志打算将速来网打造成纯粹的互联网项目，单纯采用纯线上方式操作。然而，在一两个月的推广之后，农民工对速来网的认知还是很差，推广的效果简直乏善可陈。随后，速来网开始改变策略，逐步下沉到基层。目前，速来网利用O2O模式，即线上到线下的Online To Offline模式，搭建出用工方和供人方的桥梁，形成信息共享、担保交易的平台，直接精确地将不同类型的劳动力资源输送到最需要的对口机构中，为双方提供担保交易，使用客观的数据去计算用工机构和供人机构的成单率、回款周期和双方信誉评价。

在速来网上，用工机构能够免费浏览大量的劳动力信息，并对看中的人力信息提出交易意向，而经过认证的人力资源供应商，则会迅速根据对方意向，从人力资源库中确定适合的人员参加试用，试用期满双方满意，用工机构会通过平台来支付介绍费给人力资源供应商。

李冠志坦言，速来网目前并不盈利，他想要打造的是能够为中低层次人才就业服务的网站。目前，类似的网站基本属于空白，中低层次人才的选择范围很窄，所以很容易形成对“速来网”品牌的高度忠诚。当他们从网站中获益，就会不断地进行人际关系网宣传，而口碑营销恰恰是类似农民工这种人才群体中最佳的传播营销方式。

当然，速来网的迅速崛起，并非只是得益于这样一套模式，李冠志的背后还有更加强大的“专业武器”。他在创立速来网后不久，围绕为中低端人才群体服务的中心，将自身云计算的学术背景融入公司软件开发上，研发出与众不同的自动评级系统。这套计算评级系统，能够对招工代理和用工方的合作情况进行专门的信用评分和汇总，并已经开始申请专利。

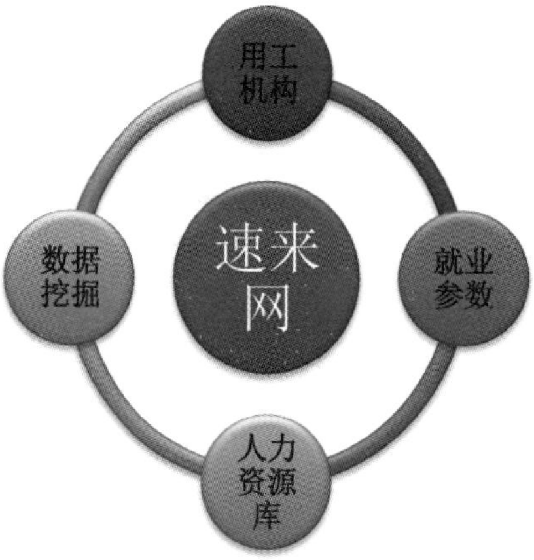

相对应的是，速来网同样也拥有领先的数据挖掘系统，这套系统能够根据农民工成功就业的统计数据，针对其中的经验和诉求，设置出就业参数，生成个性化的、特色的就业信息，为不同求职者提供不同的求职参考。李冠志认为，正是这种变化，让速来网和传统劳务公司有完全不同的用户体验。

但事实上，速来网和其他人力资源供需网站最大的不同，还是将主要服务人群定位在农民工这一类群体中。无论是全品类招聘服务网站的赶集网、58 同城，还是专业做招聘网站的智联招聘、中华英才网，从没有将服务眼光集中在“蓝领”群体中，这一点似乎从来都是理所当然：传统的互联网创业思路中，人们认定蓝领群体无论是上网能力、时间还是消费愿望，都远远不及白领群体，更不用说在寻找工作时的心态和习惯。

然而，在移动互联网时代，上述被认定的“事实”，已经全然发生了颠覆性变化。正是这样的变化，让速来网和其创始人李冠志得以把握住机会，在低学历人群就业和招聘这一垂直领域的创业赛跑中，取得了绝对的领先优势。

重新观察和思考李冠志的成功经验，可以看到垂直领域创业中三个必不可少的要素。

1. 发掘之前互联网并未关注的人群分类

BAT 等大型互联网公司，由于其创办时面临的企业内外情况，并没有充分关注全社会每个人群分类，类似于民工、务工人员这样的人群分类，是他们关注较少的垂直领域，形成了相当的市场真空。

但在移动互联网时代，没有人真正能够脱离互联网，尤其在当下的互联网创业领域，大型的新综合平台已经并不现实，将目光集中于那些曾经被忽略的人群，将身段放入曾经被看作边缘化的市场，将能够得到之前不曾想象到的辉煌。

2. 对社会群体进行更加深入的细分

垂直领域创业时代，大量未来的成功传奇正在演练，社会群体被划分的细致程度是人类任何一个商业时代无法比拟的。以人力资源为例子，在一些传统互联网行业门户网站无法关注的细分领域中，不少创业者和速来网一样，共同进行着更加深入的细分，包括致力于白领就业的猎聘网、专注于互联网行业招聘的拉勾网等，他们都在用不同的眼光，去重新定义项目的服务对象和买单人群。

正如李冠志在创办速来网之前所说的那样，“中国两亿多外出务工人员，就是我们服务的对象，而这块市场究竟多大，看一看每年春运就知道，想要占领这块市场，就要对他们进行更加深入的细分，让他们获得自己的细分服务”。

3. 讲出一个足够精彩的故事，获得资本的青睐

李冠志的成功创业，离不开资本给出的支持，由于他讲出的故事足够精彩，而他的创业思路又的确瞄向了一个巨大的被忽略的垂直市场，因此，他和徐小平交谈了半个小时之后就“轻松”敲定了投资。实际上，徐小平看重的不单是他的海归背景，更是该项目所对准的蓝领市场的规模。

目前，李冠志和他的速来网，正在不断发展和壮大过程中，以其为代表的垂直创业时代大幕，已经迅速拉开，更多“小喽啰”翻盘 BAT 的创业故事会告诉我们无可置疑的事实：垂直创业大潮难以阻挡，更多创业者将因此而打造精彩、创造价值，并让整个社会从中受益。

1.2 找到不缺钱而又想体验赚钱的人，你就是富人

垂直领域创业之路，并非一帆风顺，如何获得你启动项目的第一桶金，是其中最大的问题。对此，“零点校园”创始人钟斌用自己的实践给出了坚决的答案：找到那些不缺钱但又想体验赚钱的人，你就会进入成功者的行列。

2011年年初，在北漂半年之后，钟斌决定让一切都从零开始。他和几名志同道合的伙伴，将目光瞄向了自己曾经非常熟悉的大学校园。钟斌发现，中国有1200多所大学，其中有几千万在校大学生，他们每个人都有着不同的饮食、消费和信息需求。而由于学业繁重或忙于社交娱乐，加上缺乏自主生活的能力和条件，高校学生们对于外卖和送货上门的需求特别大。与此同时，另一部分大学生则还有着创业需求，希望通过做些兼职赚点零花钱。从目前来看，这样的市场空间很大，其中存在着诸多的“痛点”，如果能解决这些痛点，也就能够创造出巨大的商机。

就这样，“零点校园”的项目蓝图开始被设计出来。钟斌打算，将这个项

目蓝图建设到全国范围，将3000万在校大学生的各种消费需求集中起来。由于高校学生的数量非常巨大，所以零点校园未来的商业价值是相当吸引人的。

2011年，创业最初时，零点校园的业务项目集中在高校学生所需要的消费领域上，包括为学生提供网上订餐、外卖送餐、网上购物、校园商城、校园招聘、校园租房、信息发布等基于同校平台的服务。涵盖了当时整个互联网行业内电商、O2O、开放平台等多种不同的概念。钟斌自己说，零点校园犹如一家"校园淘宝"，但和淘宝这种大商品平台不同的是，零点校园只提供平台，并不涉及商品的具体经营，该网站拥有应用接口，包括外卖服务之类的餐饮项目，或实物交易比如零食、饮料等的商品交易等。

在经营模式上，零点校园采取"总部＋学生团队"的模式，由他领导的零点总部来提供平台（网站、手机APP）和应用（不同的程序），然后在每所大学招聘学生担任站长，一旦站长通过总部的审核并获得资质之后，零点校园总部平台将会向其打开具体的应用接口，由站长通过应用接口，全权负责校园内的招商与推广。

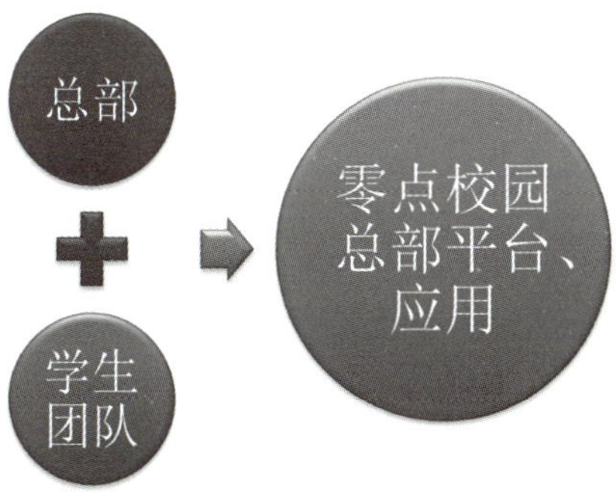

为了获得强大的站长队伍作支撑，在创业前3年里，几个创业合伙人不断去不同的高校张贴广告，招募站长，"烧钱"的速度是可想而知的，但业绩也令人骄傲——2012年年底，零点校园的V5版本发布；2013年年初，零点校园网手机APP发布……短短的时间内，该项目下属的校园站长也从151人增加到312人。

与此同时，问题却很快凸显——市场虽然摆在那里，想要垂直化地占领却并不容易。因为集中于高校这个领域进行创业，意味着一个企业将要试图去弥补整个行业领域的空白，如果缺乏投资，空有雄心，一切都难以维系。钟斌很快发现，团队凑起来的钱迅速告罄，公司开始遭遇经济危机。

事实上，这也是许多垂直领域创业团队在最初都会遭遇的问题，正因为项目集中于高校学生这个庞大的群体，试图满足他们衣食住行等各项需求，这样对应的承载业务就很多，而成本也会因此不断扩大。以零点校园网站为例，该网站初创时期，对前来网站发布的每个应用程序收费为每月 50 元，2013 年 11 月，零点校园总共收取代理费 26950 元，但由于网站总部租用了 3 间办公室，团队共 19 名员工，每月工资、房租支出都要将近 60000 元，收取的代理费完全不能维持公司运转。整个团队最艰难的时候，只剩下 500 元钱。钟斌的妻子任利花也是团队成员之一，但她此时只能选择外出打工，通过赚钱来帮助整个团队继续维持基本的运转。由于团队请不起更多的程序员，身为创业团队带领者的钟斌只好自学程序设计，进行程序开发。

钟斌感到一筹莫展，他对妻子抱怨说："快发不出工资了。"正在此时，上天为他的垂直领域创业带来新的希望。零点校园网项目终于被发现了其价值，成都市金牛区大学生创业园认可了该项目，并邀请钟斌参加他们的一次"融资商务晚宴"。在晚宴上，钟斌现场展示了零点校园网站的手机 APP 网上订餐功能，并引起了某位天使投资人的强烈关注。20 天的接触和谈判之后，钟斌和这位投资者成功签订了投资协议，获得了 200 万元的天使投资。同时，随着资金的到位，金牛区大学生创业园还专门招来专家，指导钟斌如何把握其公司风险，对公司的管理结构进行调整优化。

随着投资到位，钟斌和他的团队如鱼得水，成功地拓展到600多所大学，有3000多名在校大学生开始来到这一垂直领域创业团队，加入创业项目，整个零点校园的项目已经进入到收支持平的阶段，而一些被带动的大学生个人收入就能达到每月2万元左右。目前，该项目接入商家已达万家，直接服务高校学生用户60多万，累计交易额1亿元左右。钟斌预计，未来业绩将会翻倍，而覆盖的学校站点将会达到全国高校的70%，也就是1200多家高校。

其实，和零点校园同时启动的平台，还有“点外卖”“校园通”“ZM外卖”等，但这些同样着眼于高校学生垂直人群的创业项目，有的经营极为被动，有的已经名存实亡。暂且不讨论其背后的各种运营原因、市场条件、创业团队素质等，仅仅从资本的投入来看，是否存在足够有力的资本，是垂直领域创业最关键的要素之一。

以零点校园为例，在钟斌创业之前，提供类似服务的大品牌早已崛起，诸如美团、淘点点、“饿了么”这些大平台已经相继来到他所在的城市，不约而同地选择了“不收取商家提成费，反而补贴消费者每笔点单3到5元”的促销措施，已经让整个外卖服务市场烽烟四起。在这种情况下，即使将眼光和营销着力于高校学生这样的特定人群，如果没有相对应的“烧钱”计划，就很容易被淹没在大平台的营销战略中而难以为继。

同样的道理也体现在零点校园具有自主配送团队的优势上，在每个分站，站长想要获取加盟资格的重要条件，就是其能够自主建立一支本地化、素质高、反应快、能力强的配送团队。因为即使该校分站创建初期的业务量不高，统筹安排能力不强，也还是需要有自主配送团队来面对未来发展，否则，外卖平台将迟早受到配送团队瓶颈的限制。而想要搭建属于垂直领域外卖平台的自主配送团队，同样也需要“烧钱”。

因此，如果你的垂直领域创业想要通过自我发展，慢慢积累资本，恐怕在今天这个靠大资本力量撬动社会经济发展的年代，已经远不可能了。为此，在你开始自己的创业之前，必须要了解关于天使投资等风投力量的一些事情。

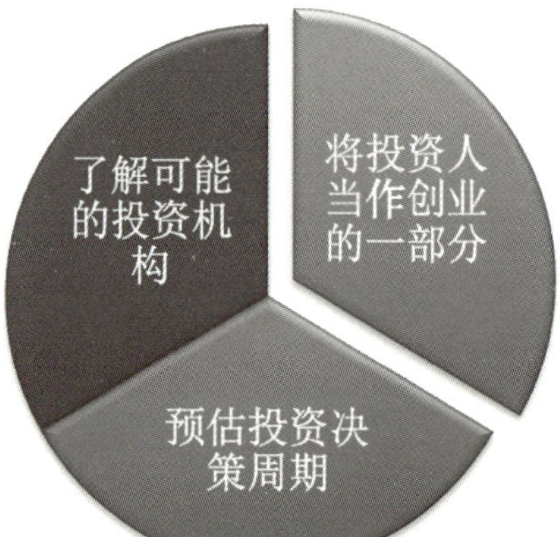

1. 你应该了解那些有可能向你投资的机构

比如，在风险投资人对你的创业表示出兴趣时，你可以在谈判中提出一些简单问题，例如“您的上一笔投资是朝向哪个行业的”，从中你可以得到自我如何去吸引投资人注意的好思路。另外，你还可以通过其他一些问题，去帮助自己了解风险投资者的心理活动。

应该记住的是，面向创业者尤其是垂直领域创业者时，每个风投机构都会有自己的惯性，他们通常不会改变自己的关注模式和投资方式，如果你的目标投资人主要通过可靠的圈子来发掘投资目标，那么，你就应该确保自己能够和那个圈子有良好的关系。

2. 要了解风险投资者做出正确决策的长期过程

能够用半小时就说服风投的案例实在太少，大多数创业者的成功，还是需要连续几十天甚至几个月和投资人的不断接触。这是因为，投资人需要首先说服自己相信你的创业可以成功；其次，他们还要在这个基础上去说服其合作伙伴。为此，有些投资人也从来不会在谈判过程中向你说明自己做什么决定，而是会不停地要求创业者提交更多的资料和数据，以期望这些资料和数据能够帮助自己完成上述过程。

正因如此，你需要更好地理解投资人的想法，最好找到他们的决策者沟通，才有可能能帮助你完成自己想要达到的创业目标。

3. 学会将投资人看作垂直领域创业的一部分

如果将投资人看作团队外来的强加力量，只想着从他们那里获得资金，那么就很难和投资人友好相处。事实上，风投的资金来自于掌握社会资源并创建成功事业的精英群体，他们并不一定像你这么想赚钱，他们需要的是参与到赚钱过程的感觉，因此，你可以找出最好的办法去对风投力量进行激励和管理。不要去试图用同一种方法来管理你的投资人，而是去了解投资人自身的特点和长处，考虑你和他们应该采用怎样的合作方式才能更好地实现双赢。

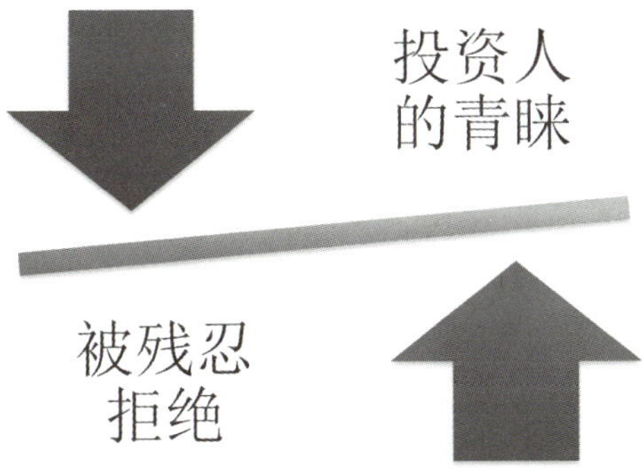

在垂直领域创业过程中，一个看起来什么都不过问的风投人可能会让你感到很平稳，但不要忘记，如果他没有真正站到你的团队中，你的创业项目也有可能在发展过程中错失良机。

不要凭你听过的三言两语的传言来评判你的投资人，好好思考一下对方的话是否符合逻辑。不要听信流言蜚语，做好你自己该做的事情，与那些和投资人私下里熟识的创业者多聊聊：不论是成功获得投资还是被拒绝的经历，你都能从中得到关于你潜在投资者的相关信息。不要担心你的问题太过直接，最好的投资人会直接回答你的问题。

总而言之，从零点校园的垂直领域创业过程我们可以看到，创业离不开对投资人的寻找，为此，创业者必须乐观而清醒，在看清楚自己面临的困难的同时，还要了解自己如何才能寻找到合适的投资者。创业情况如何，是否马上就要开始融资，要尽早认识到这一点，将心比心地站在投资人角度考虑问题，会让创业之路更加好走。

1.3 懒人模式让猪也能飞

懒惰，一直被视为人性中负面因素之一。然而，在移动互联网创业的时代，懒人也可以提供给创业者莫大的商机，如同小米创始人雷军所说，站对风口猪也可以飞起来，懒人模式同样能够制造风口。

如果时光倒退十年，甚至只是倒退五年，人们还无法想象“饿了么”是如何在短短的三年时间内，从一家大学周边的外卖小公司，发展到高达数亿元交易额的大公司的。

2009年，“饿了么”网站创建于上海交通大学闵行校区附近，这是一家外卖网站，最开始定位于大学周边送餐服务。创始人张旭豪原本是交大的在校生，他发现，身边有许多同学或者忙于创业、或者忙于考研、或者忙于谈恋爱，都更愿意待在寝室吃饭而不是出门吃饭。这种“懒人群体”背后有着巨大的商机。同时，之前那些各自为战单独送餐的商家，服务过于零散，不利于商家自身开拓外卖市场，同时，也不利于“懒人群体”享受更多的选择可能性。于是，张旭豪想到为数目众多的“懒人”提供方便——如果用鼠标和键盘就能够解决之前无数大学生为之头疼的“今天吃啥”的问题，如果将订餐的过程变成类似于淘宝网站那样的整合平台，如果“懒人”们能够随便在网站上各种餐馆挑选不同的菜品，那么，又何愁不能创业成功？于是，张旭豪开始带领自己的同学兼合伙人，对“懒人”网上订餐市场进行拓荒。

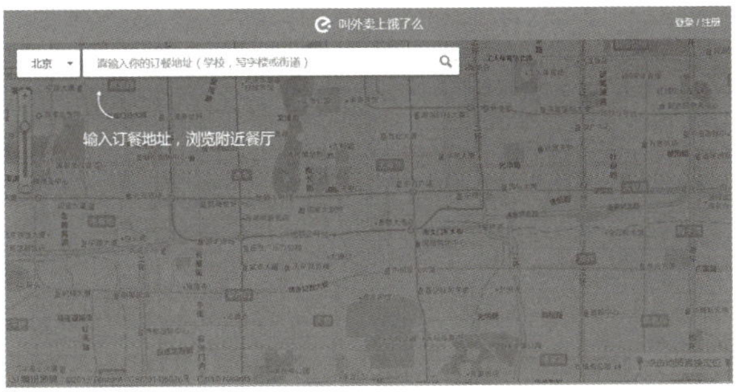

在网站正式上线之初，张旭豪团队面临很大困难，整个团队只有两人，一个接单，一个送外卖。在闵行大学城，他们一遍遍尝试着张贴小广告，这样的宣传效率很低，但却是创业者们缺乏资金支持下的唯一办法。而学生们对于这种宣传方式背后能有怎样的服务也并不相信，很多学生对此只是一笑了之，只有少数好奇的学生抱着试一试的态度在“饿了么”订餐。对于最初进入平台的“懒人”，网站非常重视，张旭豪所带来的优质服务，大大超出了订餐学生们的预期，收获了几乎所有人的好评。

很快，“懒人”群体里面传开了“饿了么”的名声，许多习惯于宅在寝室里面的学生们都纷纷选择这一网站订餐。就这样，“饿了么”走过创业初期的困难时间段。

到2011年年底，“饿了么”网站每天的交易量突破一万单，成为当时中国最大的订餐网站，并且相继在北京和杭州成立分公司；2012年，该网站又在广州和天津成立了分公司。这一年，也是中国移动互联网迅速增长的一年，在上半年，“饿了么”推出iOS系统版本，随后又在下半年推出了安卓版本，而在线支付功能也同时推出。到年底，“饿了么”的日交易额已经突破了300万元，并拥有了200多人的员工团队。到2013年，“饿了么”网在苏州、哈尔滨和福州相继成立分公司，正式走向全国布局。

目前，“饿了么”覆盖城市已经逼近200个，员工人数超过2000人，日订单数也呈现出十倍以上的增长，直线上升到100万单。即使是在互联网时代，这样的上升速度也令人感到惊讶。

通过“饿了么”网站，“懒人”群体能够快捷方便地在手机上完成订餐。以iOS系统为例，进入软件主界面，能够看到“我要订餐”“我要预订”和“饿单中心”三大选项，其中，软件主要的功能集中在“我要订餐”中，用户只需要点开这一选项，并等待几秒钟后，就能发现附近的餐厅，以及这些餐厅的最低起送价和预计送达时间。在搜索区中，还同时显示语音识别功能，并能够利用软件提供的筛选功能来去掉那些自己不想要的餐厅。在选择好餐厅之后，用户就能够方便地点餐，其数量和总价都能够显示在手机界面上。进入购物车之后，用户可以选择结账，并录入详细地址，直接形成订单。此外，“饿了么”软件的功能也很齐全，非常符合“懒人”们的特质，例如用户还能够在自己的“饿单中心”里面对信息进行查询，对不同的餐厅进行比较，对餐厅内的不同菜品进行查询等。

伴随“饿了么”的迅速发展，目标群体早已不限于最初的高校学生，而是生活中任何一类“懒人”。在张旭豪的定义下，“懒人”不再是抽象的描述，也不再是个体的性格，而是指“现代社会中追求高节奏生活效率者”这样一个庞大的群体。这个群体有可能是忙于生意的小企业主，也有可能是大城市里面在高楼中办公的白领，也有可能是喜欢宅在家里不愿意出门的青年男女，甚至是因为行动不便而基本只能在家活动的老年人……由于“饿了么”在创业之初，就看到了“懒人”群体的实际存在，看到了这个群体对于送餐市场的大量需求，他们才得以在互联网时代直接空降进入这片空白的市场，获得新的天地。

可以说，“饿了么”的成功不仅仅是源于一个好点子，更是对一个看似特殊实际不断扩大的人群的关怀，正是这种关怀，带来了对顾客人性和需求的满足，而“饿了么”也由此得到准确的市场定位，实现了资源的充分整合。

当然，“饿了么”取得这样的业务进步，不仅仅限于上述原因，同样也包括资本的胜利。2015 年 1 月 27 日，“饿了么”对外宣布，E 轮融资已经到位，来自中信产业基金、腾讯、京东、大众点评和红杉资本的联合投资，共达到 3.5 亿美金，而除了资本层面之外，“饿了么”还将和这些投资方进行深度的战略合作。

早在 2011 年，“饿了么”就获得了 A 轮数百万美元的融资；2013 年 1 月，又获得金沙江创投、经纬中国的 B 轮融资；当年 11 月，“饿了么”从红杉中国获得 2500 万美元的 C 轮投资，到 2014 年，则获得来自大众点评的 8000 万美元 D 轮战略投资……

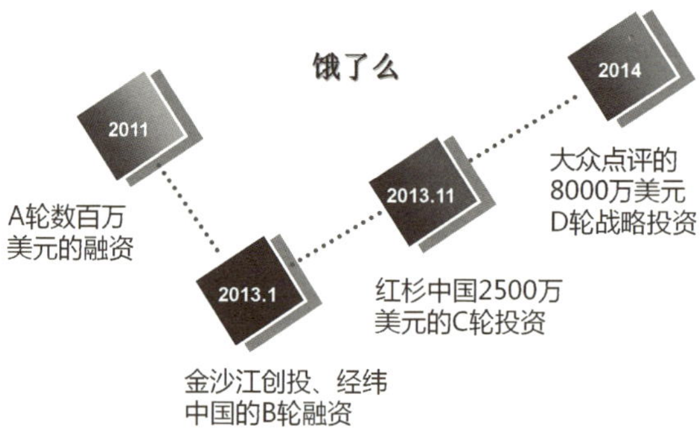

目前，“饿了么”的整体估值已经超过了 10 亿美元。随着企业进一步发展，张旭豪将目标定位为继续巩固高校领先地位的同时，加快对白领住宅市场的占有，搭建出自有配送作为核心、社会配送为辅助的物流配送平台，能够将流量、物流和支付等场景集合一体，实现专门的垂直领域平台。

回顾“饿了么”的发展历史能够发现，该垂直创业项目之所以取得成功，离不开三大要素。

1. 顺应了“懒人”思维，而不是根据创业者的思维来打入垂直领域

整体来看，“得懒人者得天下”的断言已经成真。目前，无论是一度引发腾讯和阿里烧钱大战的打车软件之争，还是赶集网推出的能够帮助房产经纪人在海量房

屋信息里寻找目标的“懒人找房”，或者是各种手机助手、各类手机地图等，都有一个共同特点即“为懒人服务”。实际上，与其说这样的创业是为了满足“懒人”需要，不如说是垂直创业的产品如果能够集中于用户潜在需要的开发上，那么就很容易吸引专有人群的注意力，这样，垂直形态的市场就能得以形成。

1 顺应“懒人”思维，而不是根据创业者的思维来打入垂直领域

2 能够代替用户的眼睛，更能代替用户的手脚

3 投资不能是“杯水车薪”，而是要借用投资来不断扩大企业估值，吸引到更多的投资

2. 不仅能够代替用户的眼睛，更能代替用户的手脚

在推出“饿了么”之初，创业者就敏锐地意识到，要做的项目，应该是一款能够向用户提供餐饮外卖资讯的软件，能够通过信息流的传播来吸引餐饮门店的加入和广告商的投入，更应该是一款能够让人们的手脚都得以极大解放的软件，能够真正为顾客实现“送饭上门”的生活图景。只有这样的服务，才能牢固地将顾客吸引在自身周围，而不是一时好奇地浅尝辄止。这也给了垂直创业者们更加意味深长的思考：即使你的眼光、思路和商业设计足以发现独特的客户群体，能够做到直接切入这些客户群体的消费循环之中，但如果你无法提供他们所想要的服务，他们也很难真的变成固定在你手中的市场份额。

3. 吸引到的投资不能是“杯水车薪”，而是要借用投资来不断扩大企业估值，吸引到更多的投资

创业项目对投资的渴求是相同的，但有的创业项目能够在源源不断的“输血”中获得长远成长，其原因就在于不断增加的投资所引发的良性循环：由于企业先后获得 A、B、C 轮投资，业绩和品牌越做越大，这也能让企业的估值得到不断扩大，从而顺利获取之后的投资。

例如“饿了么”最初获得的投资并不算大，但在D轮所获得的大众点评网8000万美元投资在短时间内引起了关注，其中既有市场竞争者，也有投资界人士，更有互联网业界如腾讯、京东这样的电商大平台，这种不断膨胀的“多米诺骨牌”效应，让“饿了么”获得丰富的资金注入，并足以维持其获得长远增长的力量。

1.4 想象被庞大的工薪族拥护的场景

每一个企业都希望自己面对基数尽可能庞大的客户群体，而这样的现实，在垂直创业时代得以实现。想象一下，整座城市的美食爱好者都下载你的APP软件订餐，整个论坛的孕婴家庭都会通过接口进入你的平台代购奶粉，或者，你的网络平台会被上亿数量的庞大工薪族所拥护，你将因此得到巨大的创业空间。

这一点，已经被“我的打工网”这一新兴媒体O2O项目的成功所证明。打开www.wodedagong.com，可以看到相当简陋的网站页面，这一页面即使是放在上个世纪，也很难说是合格的互联网招聘平台，更不用说和智联招聘这类传统招聘门户相比。

只是定制这样的页面，当然并非“我的打工网”连合格的网站制作人员都没有，而是因为他们将最主要的招聘平台设定在智能手机平台上。使用这样的界面设计，

“我的打工网”可以轻而易举地和广大打工手机族联系在一起。

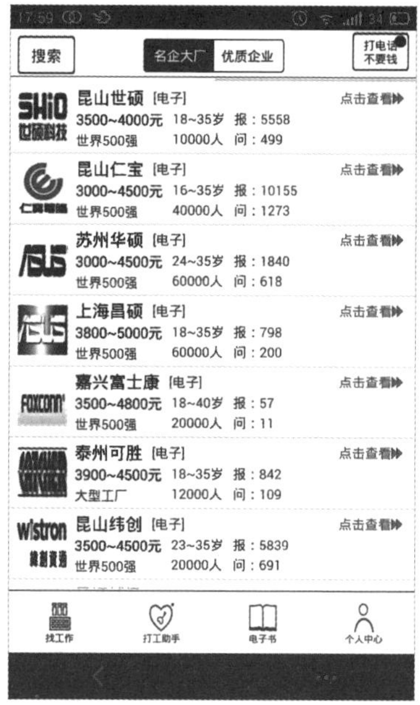

来看下面这个真实的事例。

某天，南京江宁区一家大专宿舍中，没有电脑的小周在用手机上网，暑假快要到来了，他希望在暑假能够积极去进行社会实践，同时赚一笔零花钱。很快，他发现了“我的打工网”这个招工网站。由于之前曾经遭遇过招工骗局，他对网站内容相当谨慎，在填写注册信息之后，小周仔细地浏览了其网站内容，发现其服务不仅全部免费，而且还能够为用户报销车费和体检费。

于是，小周提交了自己的申请。第二天，“我的打工网”客户服务人员就打电话给他，将一家位于苏州的电子厂的工作介绍给他，并承诺报销前往试用的车费。

于是，小周高兴地来到了苏州的那家电子厂，在简单试用之后，他完成了暑假的工作，得到了一笔不菲薪资。

其实，对于急需工人的企业来说，“我的打工网”这种专注于手机移动端的蓝领招聘平台，能够体现出的专有价值似乎更高。

2015年4月24日上午10点多，“我的打工网”商务部接到公司通知，昆山一家电子配件工厂在中午之前需要组织一场招聘，对员工性别和人数都没有要求。很快，“我的打工网”向其内部的经纪中心发布招聘信息，并将集合时间定为中午11点，与此同时，公司的中控和运输部门也迅速运转起来，车辆调度和人员接站的事务也得以确定。到中午11点，前来公司总部报到的会员就达到150人，经过筛选之后，接近100人参加了面试。11点之后，又有会员陆续前往集合地点报到，最终被录用人数总计为200人。

而与此同时，在昆山，每家劳务中介实体店每天平均工作15个小时，也只能平均送出5个劳动力，这意味着“我的打工网”能够在短短1小时之内，为企业带来接近450家中介实体店的人才流量。

“我的打工网”是如何做到这一点的？这还要从“我的打工网”的创业之路说起。和不少人白手起家的创业项目不同，“我的打工网”起源于南通达迎家信息技术服务有限公司参加“灯湖论剑”南方移动互联网创业大赛的路演作品，并在这次比赛中闯入十强。拥有着丰富人力资源中介经验的项目创始人邱俊炜在打造这个项目前发现，在人力资源招聘这个环节，求职者和企业都面临尴尬的境遇。

求职者方面，网络招聘信息良莠不齐，导致被骗后无法保护自己；工厂面试流程复杂，无法单人直接进入面试；缺乏技能和文化，不懂得去哪里找资源。

而企业方面则面临着每月都有20%的员工流失，一年要更换几批员工；招聘市场混乱，只能通过中介，还缺乏二三线城市的招工资源。

如此现实的背后，是巨大的垂直市场规模。邱俊炜发现，打工人员的总体数量在1.5亿，其中80%是通过中介方来找工作的，以每年更换2次工作来看，一年就能产生2.4亿的用户数量，带来的招聘中介市场规模高达2000亿元。

邱俊炜决定，让“我的打工网”变成简单、透明的渠道。做到这一点的关键，在于只采用手机平台。和市场上类似的垂直求职网站不同，“我的打工网”并不重视PC端的成绩，也不去走那种“淘宝式”的大平台模式，因为在邱俊炜看来，这样很容易让大量的未经检验的资料进入平台，最终会充斥许多黑中介、传销等虚假资讯。再加上打工者普遍文化水平比较低，不知道如何去对信息进行鉴别和筛选，更需要确保整个信息平台的安全。

因此，“我的打工网”决定只向打工者提供世界500强和大型制造业的招聘信息，对于3000人以下规模的企业，则规定必须是上市公司。这种完全O2O的模式，确保了被服务的B端和C端的体验。B端的企业，只需要将用工的要求、时限提交给“我的打工网”，而C端的打工者，也只需要加入会员或完成买票报名的步骤，其他部分，完全是由“我的打工网”加以处理，从推荐企业，到接站进厂，再到安排宿舍，甚至加上之后的劳务纠纷和更换工作，都由“我的打工网”免费提供，这不仅是综合门户网站做不到的，更是其他垂直领域门户无法做到的。

基于这些，邱俊炜将“我的打工网”定位成为真正为打工者服务的网站，这个网站不仅集中关注打工者和用工企业，而且几乎是全盘创新了移动互联网时代的劳务招聘模式。

"我的打工网"所取得的成功，体现出下面这些值得观察和吸收的经验。

1. 垂直门户网站的开发，要紧密贴合智能手机等终端

众所周知，电商营销从互联网到移动互联网的变化，和智能手机的普及过程是并驾齐驱的。一方面，移动互联网是互联网在移动通信网络上所作出的自然变化，但另一方面，因为智能手机所具备的特殊性、个人性、隐私性和普及性，移动互联媒体又具备了独立鲜明的产业特征，是互联网发展之中的革命性阶段。移动终端具有可移动性强、工具性强和私密性强的特点，让人们终于不必借用电脑就可以和互联网紧密捆绑在一块。无论人们是在办公室还是在家里，或者是在路上，都能随时随地更低成本地使用互联网平台。

从用户需求来看，信息大爆炸、内容多元化、数量呈几何级增长的现状，让对特定领域感兴趣的不同群体表现出更强烈的需求去精准、迅速获取各自信息。正是在这样的大背景下，类似于"我的打工网"这种专门走手机 APP 路线的垂直产品如雨后春笋般应运而生。

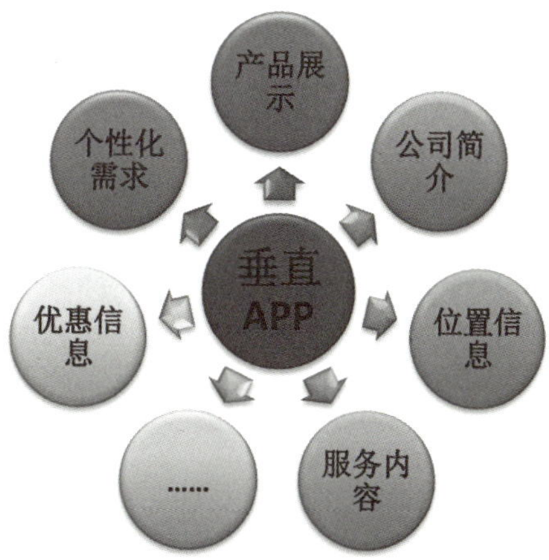

但同样需要正视的是，由于这样的竞争局面，对垂直门户 APP 化也提出了较高的要求。垂直门户的 APP 既需要提供信息的浏览查看，包括企业的产品展示、公司的简介、位置信息、服务内容等，还需要根据自身需要对 APP 上的展示内容进行及时更新，从而方便不同的客户查看。

在开发垂直门户 APP 时需要注意，垂直门户的特点从来不是追求大而全，而是追求在某一个特定领域提供全面、深入的特定信息，从而将这个领域的用户和其他用户加以有效区别，并对他们进行持续吸引。

2. 垂直门户网站 APP 的开发，要侧重于体现 O2O 的特点

O2O 模式并非简单地将互联网和线下做个衔接就能够获得成功，一个成功的 O2O 模式，必须要将线上和线下的内容加以清晰、明确地区分和整合。“我的打工网”案例中，创业者不仅做到在线上精确、有效地找到打工者，还能够将他们带到现实的企业中，这就需要“我的打工网”能够在做好线上工作的同时，也要耐心细致地做好线下的接待、集合、运送等工作，对用户在线下使用服务的体验提供充分的流程性保障。

垂直领域的创业者，更应该将目光集中于上述要求中。单纯的交易平台，在垂直领域并不具备什么竞争优势，而 O2O 平台存在的价值也不仅仅是将信息流、交易流直接转移到线上，这就需要垂直创业者能够确保投入越来越多的资源，对用户在线下服务使用过程的体验加以保障。

例如，垂直领域 O2O 平台在线下向用户提供的体验保障工作，不应该进行外包。因为一旦将这些环节进行分割和外包，就很容易失去控制，导致前后端的业务相互脱节。又如，由于垂直领域面对的可能是和其他市场千差万别的细分市场，其中消费者对服务使用的流程，存在着显著的独特性，这也需要创业企业能够针对性地开发出独特的功能模块，进行独立开发和运营，用不同的产品、功能和业务模块来进行支撑。

Part 2

巨头脚下的“小时代”
——垂直领域的魔力与魅力

2.1 垂直门户咬掉了传统门户的一条大腿

对于传统的综合门户网站而言，垂直门户网站早就是那个“站在门口的野蛮人”。

2013 年，十几年来始终同一风格的新浪首页，终于用实际的改版行动宣布迎接改变，同一年正式改版的还包括腾讯首页、YAHOO 首页，而此后，网易首页也进行了改版。从情感上来看，传统门户网站并没有改版的必要，因为改版既需要投入成本，又会改变用户习惯，稍不留神，就会如同当年可口可乐改变口味那样，吃力而不讨好。

但势比人强，面对着垂直门户的疯狂进攻，已经失去了“一条大腿”的传统门户如果再不做出应对，有可能会失去更多。

从数据的角度进行理性观察，新浪这样的综合门户网站，自身就存在着流量失衡的问题。通过对各个门户网站首页进行流量监测热点分析，可以清楚地发现，无论是新浪、腾讯还是搜狐，其流量的分布都是高度不平衡的。以新浪为例，其新闻中心、体育新闻总是点击流量的热点区域，而如果在其首页向下拉、再向下拉，你会发现，点击率会迅速下降到接近零点。

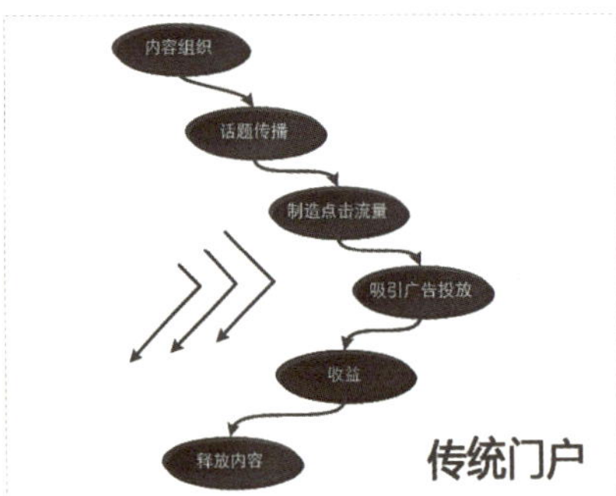

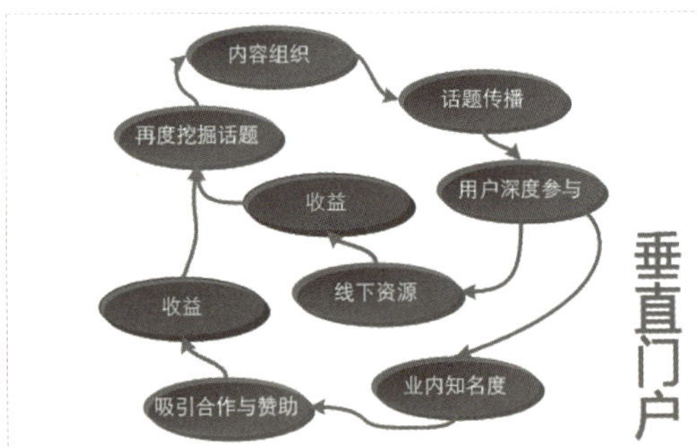

一直以来，这种情况普遍存在于传统门户网站上，但垂直门户网站某种程度上利用此宿疾，得以在其基础上凸显优势，发扬壮大自身的影响力。但面对改版行动，

我们不禁要问，究竟垂直门户网站是从何时起，以怎样的方式，做到这一点的？

答案要从门户的定义开始梳理。

门户，顾名思义，是登堂入室的必经之路。在互联网学术定义上，门户网站是指“进入某类互联网信息资源库的入口，并从中获取信息的”应用系统。而传统综合门户，也是基于互联网浏览器而诞生的，正因为出现了专门的浏览器，原本分散于不同传统媒体的信息流，得以汇聚到互联网平台，用户就能通过浏览器进入门户网站，寻找自己想要的东西。从这个角度来看，门户网站注定是决定流量高低的入口。

例如，YAHOO 的出现，一开始是以内容目录形式向用户提供信息并获取流量的，但 GOOGLE 以关键字搜索的面貌出现，直接带给用户比前者更为高效的信息搜寻方式。用户通过关键字词就能在整个互联网中找到所有主流信息，而并不需要经过 YAHOO 那样的编辑加工，因此，GOOGLE 的流量超过 YAHOO 是顺理成章的事情。同样，在传统互联网时代，百度的流量也必然超过其他门户网站，即使像腾讯、新浪、网易这样的流量巨头也只能排名其后。但反过来，为了争夺流量，传统门户网站又不得不让自己的业务进行全品类化地扩大，从新闻、搜索、聊天、论坛到邮箱、影音、游戏、电子商务和支付、网络社区等，即使这些内容中有许多都是用户不会去体验的。

这说明，门户网站就是互联网的入口，门户网站就是流量的入口，门户网站就是金钱的入口，门户网站之间永远存在着战争。面对这样的战争，垂直门户网站也毫不例外，某种意义来看，即使是亚马逊、FACEBOOK 这样的著名门户网站，也依然是垂直类门户网站，前者属于购物电商，后者属于社交网站。在中国也不乏这种“升级”之后的垂直门户网站，例如优酷、PPS 这样的视频门户网站，二三四五这样的导航门户网站，豆瓣、天涯这样的社区门户网站等，它们所专注的也是通过用垂直的形式来让门户网站成为更多流量入口。

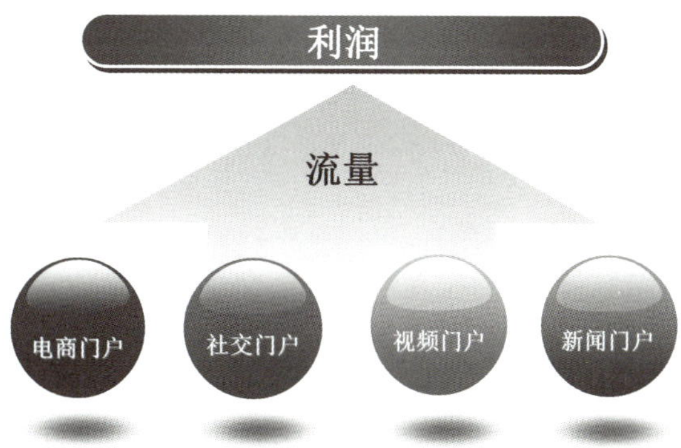

取得流量，就意味着变现的可能，流量如同干细胞那样可以经过引导培育，变成种种业务为企业获取利润。因此我们看到，流量在腾讯、阿里、百度这样的平台上，变成了游戏和电商消费，也可以变成广告；而在搜狐、网易、360 这样的平台上，流量则可以变成视频、游戏、网址导航广告——换而言之，传统综合类门户网站在拿到流量之后，也要做基于各自特点的“分流”工作，用看起来高大全的首页，吸引有着不同目的的用户进入平台，并在二次分流乃至三次分流之后，将用户送到不同的垂直领域中去。

这种做法，在传统门户网站占据互联网统治地位的时代，为它们创造了不俗的利润。但是，垂直门户网站的崛起改变了传统门户网站坐地分钱的好日子。相比传统门户网站，垂直门户网站更接近于报纸、电台或电视台中的专业频道，例如，财经或者体育频道。由于垂直特性，这些门户网站并不需要追求全面、充分，而是追求在某一个领域提供精确的内容和全方面服务。

例如，早在十几年前就声名鹊起的前程无忧网，曾经一度成为全国人事人才网站影响力排行榜中的第一名。该网站从诞生之日开始，其提供的“人才求职”“企业招聘”“简历投递”和“留学移民”之类服务，都是完全围绕个人事业和企业招聘展开的，包括该网站所引用的新闻，也是和就业市场情况、人事人才信息动向密切相关。同样，从这个网站诞生之日开始，用户也不会去考虑在其首页寻找时政新闻或者进行网络购物，而是同样专注于使用其来帮助自己找工作。

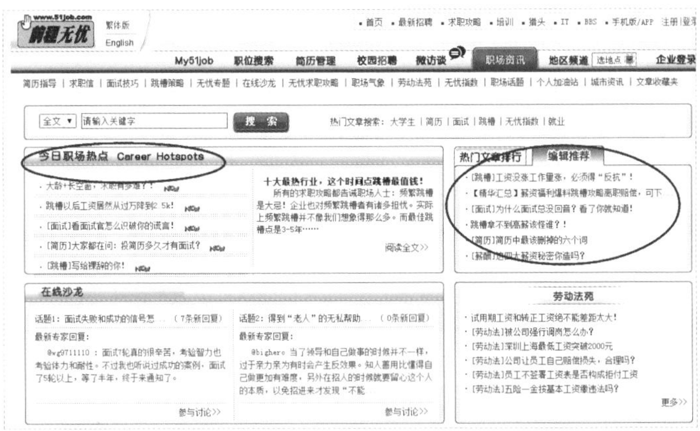

这体现了垂直门户网站的优势所在：专注于某一个领域，将自己做成该领域的

权威，显得专一、专业。和综合门户网站相比，行业垂直门户网站必然需要寻找到自己的优势，即专注于某一个特定的业务领域，如IT、房产、汽车、招聘、餐饮、酒店、体育或者旅游等，从而为那些对这些业务领域感兴趣的用户，提供更加深入的行业信息、资讯和知识。同时，垂直门户网站的用户大都是各个行业或各个族群的消费者，这显然又能提升垂直门户网站访问量背后的实际利润可能。

如果对垂直门户网站进一步加以细分，还可以分为行业垂直信息门户网站和垂直电子商务平台，前者主要提供某行业的信息和资讯，并非专门提供行业内某个企业或产品信息，其中的有关信息，大都是进行评测、评价类的，不能代表官方的详细产品介绍，也并不提供有关交易的功能；而后者提供的则是行业中相关企业所给出的产品或服务介绍信息，并且提供交易等相关功能。

据说有了专业化的优势，在互联网进入移动时代，垂直门户网站扬眉吐气的时间点已经到来：搜房、优酷这样的大牌垂直门户网站，其市值早已超过新浪的半数以上。而在不久的将来，如果财经、娱乐、体育、汽车等不同领域都出现类似这种实力的竞争对手，传统综合门户将难以防守，犹如面对狼群攻击的庞大野牛，虽然力量凶猛，但想要全身而退却很困难。因为垂直门户网站的起步有可能只是几个人，对某一个细分领域做出最好的内容，其运行成本低、转型速度快、质量和体验又比传统综合门户更强，加上在网络上更容易产生效果的自媒体宣传下的口碑营销，传统门户网站被扯下另一条“大腿”的时间也已经不远。

虽然传统门户网站目前的情况并不危急，但谁也不能否认，传统门户网站的概念需要新的书写，其原有的基本结构正面临被肢解的局面。垂直门户网站则爆发出新生的活力和魅力，赢得千万普通受众更多的关注度和碎片化时间。

数字能够说明一切。2014年9月，各大垂直门户网站纷纷发布第二季度财报，和传统的门户网站相比，垂直门户网站大有追赶的势头：

汽车领域门户网站的汽车之家在这一季度的经营业收入为人民币5.068亿元，净利润为2.063亿元，分别比2013年同期增长了71.8和68.8个百分点。

房产领域门户网站的搜房，营收为1.682亿美元，同比增长16.7%，运营利润为8170万美元，同比增长7.8%。

婚恋领域门户网站的世纪佳缘，第二季度净营收为1.452亿元，同比增

21.8%，净利润虽有所降低，但还是远高于传统综合门户网站相关业务的利润，达到 1190 万元……

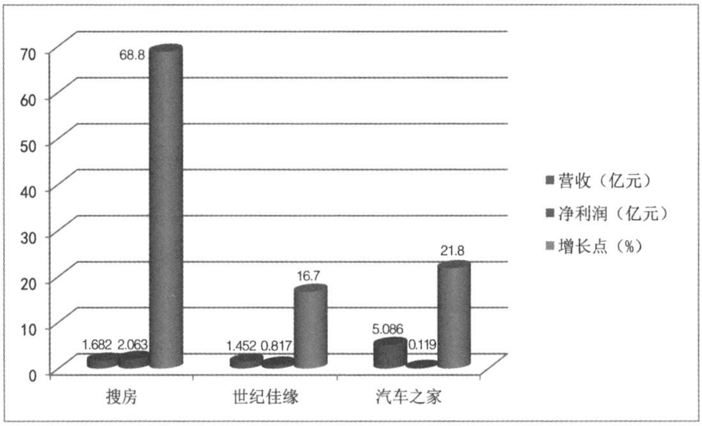

面对这样的局势，新浪公司 CEO 曹国伟在 2015 年回答记者提问时表示，新浪将会重点将业务集中于垂直领域扩张，深入发展市场规模比较大的垂直领域。看来，传统综合门户网站面对门外的那群野蛮人，也在积极地思考和行动，加入到这场对垂直市场领域瓜分的战斗中来。

毋庸讳言，垂直门户网站和传统门户网站各有其特点和利弊，他们之间的竞争将会持续下去，正是因为有了这样的不同，互联网世界才更加精彩，而互联网平台带给用户的利益才会更加充分和全面。

2.2 垂直领域的每一个顾客都是一种购买力

互联网发展浪潮下，垂直领域不断涌现出的成功创业案例，体现了新时代消费和生产两大领域之间的进一步融合，也揭示了顾客购买力增长方向的重要趋势——现代市场的竞争，已经不再局限于传统的行业、产品和服务内的竞争，而是突出围绕顾客个性需求、激活顾客内心认同感。

如果能够利用垂直化领域创业来赋予消费者更好的身份认同感，创业者就能够做到将每个顾客都定位为一种购买力。想要实现这一点，必须要给顾客释放购买力的“理由”。

“天同诉讼圈”是北京天同律师事务所的官方微信公众号，目前，该公众号的粉丝达到 15 万，这些粉丝有共同的身份特点——律师。作为自媒体，天同诉讼权每天都会根据不同定位，推出不同的内容，从而将粉丝紧紧黏住。

例如，该公众号周一会发布解释法官思维的稿件，周二则帮助律师如何迅速理解一个行业……由此，媒体和法律所打造出的垂直领域感，通过对顾客身份的精准定位和强大聚合。让整个公众号的粉丝群体有别于一般的粉丝，从而形成社群力量。事实证明，这种垂直型创业的逻辑，在这些律师的身上同样适用——天同律师事务所曾经将公众号上的所有文章编成文集，以定价 160 元的价格出售，只花了 23 分钟就卖出 1000 本。这样的成绩在普通法律书籍销售市场上是不可想象的。

Roseonly 专爱花店，成立于 2013 年，乍看起来，这家电商并没有什么特别，它的产品是市面上到处可见的玫瑰花，似乎无法释放顾客购买力。然而，由于采用了深度垂直领域思维，该电商创始人蒲易围绕“一生只送一人”大做文章——该花店提供的高档精美包装玫瑰花，只允许购买者提供一位“永久性”收花人，永远不能更改。这意味着该花店激发的将不仅是顾客简单、表层的购买力，而是通过集中于忠贞爱情上的深层次内心需求，从而释放出顾客更为内在、长远并专注的购买力。

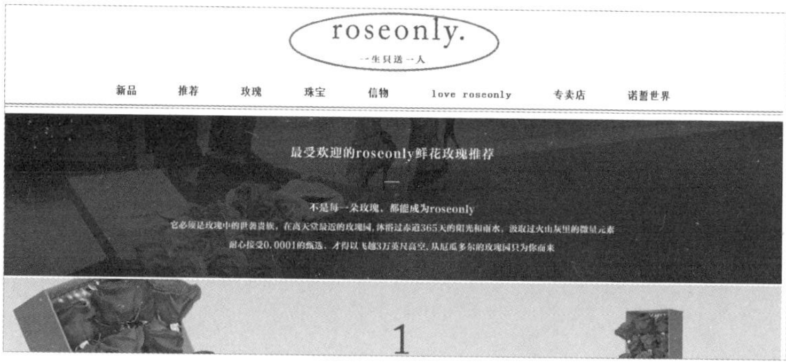

在成立后短短一年的时间里，Roseonly 不断在情人节、七夕和圣诞节等节日刷新营销记录，单月销售破千万、利润过百万。2014 情人节，该公司产能比 2013 年扩大 300 倍，共备货 3 万盒花，生产人员、客服人员和物流人员达到约 600 人，线上销售额也达到 2013 年同期上百倍。当天，线上销售超过千万，实体店销售额则超过百万。尤其是实体店销售业绩更是不同凡响，连续一周内，三里屯太古里北区的人们从早晨开始，就可以看到这家门店的客人排起长队。正是这家面积仅有 45 平米的花店，打造了在全世界范围内都令人瞩目的销售奇迹。

2014 年，IDG/ACCEL 两家国际知名的专业投资基金向该公司注资千万美金，并作出过亿美金的估值。

从律师到爱情的忠诚者，从孕妇到宅女，从骑行者到宅男……身处互联网时代，任何一个社会人，总是会有属于自己的“身份”，而垂直创业如果能抓住他们的身份，即使利用同样的产品，只要采用了深度垂直的方式，就能够让顾客个体的消费特征完全凸显。这一点，足以让我们认识到：由于创业和营销方式的改变，顾客完全代表了和以往市场不同的购买力，每个顾客就是一种购买力。

具体来看，垂直领域的顾客将购买力集中于个体身上，主要表现于下面三大方面。

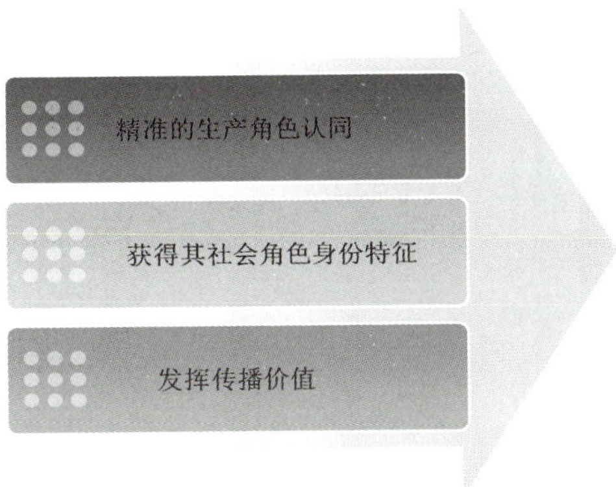

1. 垂直领域让消费者获得了更加精准的生产角色认同

在传统的市场分割观念中，顾客的身份是被割裂的，经营者看待顾客，通常只需要考察其消费能力，包括其拥有的现金或信用，这样，顾客的购买力只是同其单一的消费者角色有关。然而，互联网市场观念中，一切都发生改变，顾客既是消费者，同时也是具体领域的生产者。

事实上，消费者和生产者的角色原本就是集中在每个顾客身上的，顾客有着为了消费而支付的购买力，更大的购买力还体现在其潜在价值上，包括他的职业、财富、家庭背景、社会名誉、学习能力、影响力等，虽然这些因素可能并非直接和购买力、购买行为发生联系，但能通过影响顾客的生产者角色，从侧面发挥更加重大的影响力。

因此，从垂直领域角度去观察顾客就可以发现，随着互联网社会到来，社会成员之间的联系更加密切，社会成员不同身份的联系也同样紧密。如果将顾客看作一个社会性的个体，他将不止包括消费者和生产者的角色，还能作为更多的相对的角色而存在。在这样的基础上，全新的竞争规则和秩序会展现在创业者面前。如果重新看待顾客，只需要挖掘出其身上存在的某一个角色，就能得到一种购买力，而顾客个体角色的多元性，决定了其购买力发掘的空间几乎是无限的。

2. 垂直领域下，顾客会通过购买力释放来获得其社会角色身份特征

新的市场竞争中，品牌价值越来越重要，品牌力量之所以能够建立起巨大竞争优势，并不在于品牌带来的实用价值，而是其背后巨大的文化力量征服某个垂直领域的市场，成为这个市场中顾客联系和认同的纽带。在这种情况下，购买不但是个人消费行为，而且是顾客个体获得垂直领域中群体认同的特殊力量，这已经超越了传统商业定义范畴，能够产生社会性的巨大价值。

传统观点认为，市场营销即在社会大众中寻找特定群体，实现销售目标。而垂直领域的创业思路，认为个体顾客会根据自我身份特征不同，依靠对某种具体商品或服务消费，取得自身文化和生活的归属感，更加进入其原本就归属的群体中。由此，顾客个体的购买力释放成为一种需要，只要给予他们更强大的归属感，他们的购买力就会更加强大，这也体现出垂直领域创业的重要价值。

3. 个体顾客还会在垂直领域中发挥传播价值

传统市场营销中，价值的流通，同时也伴随信息、关系的流动，然而，顾客个体的传播价值，由于传统市场领域过大而无法有效发掘，更没有被上升到和顾客购买力提升相联系的程度。即使在整合营销、病毒式营销等营销模式中，顾客传播力也没有上升为提高购买力的核心因素，而是更多地成为一种产品或服务推广的工具。

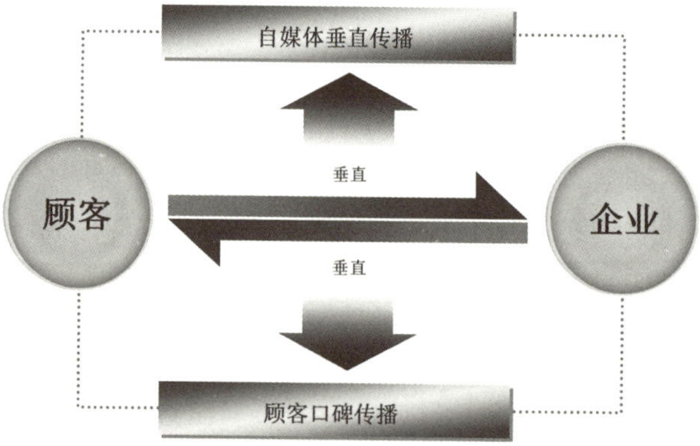

其实，上述情况并不奇怪，顾客传播价值之所以在传统营销中始终处于次要、分散角色，是因为大众传播方式才是传统商业提升购买力的主要推动力。然而，在现代互联网发展基础上，新的时代中，顾客已经拥有自媒体这一强力武器，他们完全能够通过发挥个体的传播价值，进而激发出自我和其他个体的强大购买力，而想要让顾客发挥如此价值的前提条件，就是打破原有的市场营销角度，从垂直领域切入，让顾客得以在各自最熟悉、最喜爱的领域中充分扮演传播者——这样的领域必须足够深度、足够垂直。

正是由于垂直领域市场营销的迅猛发展，能让顾客获得上述三大角色的改变，顾客才能在这样的市场中，发挥出远远不同以往的购买力。由此，市场营销的竞争规则、力量比对和发展趋势，也都将产生巨大变化。

2.3 任何垂直领域，都存在“正螺旋效应”

1995年，比尔·盖茨出版了自己的第一本著作《未来之路》。这本书很大程度上改变了人们对他“开发软件致富”的陈旧印象。在书中，他表现出的经济理念和创新意识，足以证明，能够成为世界上最成功的企业家和最富有的人之一，盖茨依靠的并非仅仅是他的产品。

在书中，盖茨特别重视加以论述的是“正螺旋效应”和“负螺旋效应”，这两种效应又被分别称为正反馈循环和负反馈循环。所谓正螺旋效应，是指企业通过利用自己的一个成功，进而推动下一个成功；而与此相对应的则是负螺旋效应，即企业遭遇到的一个阻碍带来下一个阻碍。

盖茨说，处于正向螺旋效应中的公司，似乎有一种生来就被祝福而走运的气场，反之，处于负向螺旋效应中的公司，则有一种命中注定要失败的感觉。当一个公司丢失了市场份额的领先位置，或者是推出了一种评价负面的产品，就会导致用户不满、投资者质疑、新闻媒体的批评——类似这样的情况很容易引发更多错误决策，于是，公司的情况就会迅速恶化。

与此不同的是，如果公司寻找到一种正确的方式去占领市场应有位置，或者因为其自身具备长期评价良好的产品或服务，用户、投资者和新闻媒体又都会给出积极的正能量，并给公司带来真金白银的回报。于是，公司得以持续进步提升。

在任何垂直领域，都存在着正螺旋效应，垂直领域创业有着很高的投入产出比，有着移动互联网发展的强大趋势作为支撑，当两者在垂直创业项目中相遇并发生化学变化之后，展示在垂直领域面前的自然是美好的前景。

细看垂直领域的正螺旋效应存在下面几大推动力：

1. 垂直领域创业的价值源于去中介

中介当然不会消失，比如银行，比如房产中介等，这些交易过程需要机构进行后续操作，很难在短期内消失。但是大量中介，其实是基于信息不对称而存在的。例如像4S这样的形态，肯定会很快发生变化，它本身的模式就是基于信息不对称，以后的4S会分化成汽车销售和专业的售后服务，不需要一个品牌一个店，低端成本、固定资产投入都不能支撑这种模式长期存在，现状是4S店只能越开越远，甚至开到郊区。

去中心化是移动互联网兴起以后的一个大机会，这方面其实已经很热，比如大家熟悉的E代驾、房产销冠、拉勾网等都可以归入，还有很多这样的领域，包括家政保姆这样的碎片化市场，让专业服务人员直接面向消费者。这个领域在未来一年的发展中，也会成为众多互联网创业人士考虑的重要方向。以滴滴打车为例，滴滴打车是典型的垂直O2O，这款软件能够让有打车出行需要的用户，在智能手机平台上发出需求，并被滴滴打车平台推送给附近的出租车司机，由司机和乘客自行联系，服务就此完成。同样，58同城的模式也同样避免了更多中介：有家政需求的用户可以在网站上找到适合的家政人员，他们直接就能够将线下的需求放到线上实现，然后在线下完成。

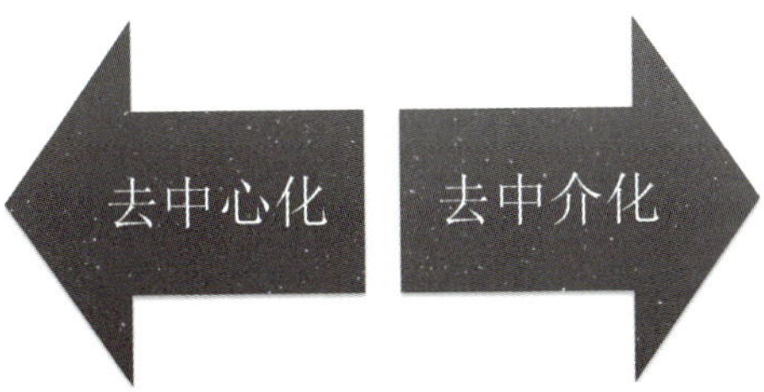

垂直领域创业之所以能够具备良好的正螺旋效应，其中重要的原因就在于互联网平台上垂直创业的“去中介化”，由于有了互联网作为支撑，流量直接被导入到

门户网站或者 APP。垂直网站自身就能变成交易平台、支付平台或者推广平台，需求方和服务方越是在这个平台上集中，就越是能实现自由、迅速交易的愿望，帮助两方节约成本的同时，也能够节约自身运行的成本，并带来积极的连锁推动力。

2. 垂直领域创业的投入产出比更大

在互联网时代的创业过程中，许多人都想要利用互联网来创业，但真正成功的人却很少，其中虽有各种因素，但成本太大是重要原因。

传统的互联网创业通常是这样开始的：发现良好商机之后，创业者非常兴奋，很快找到创业伙伴形成团队，如果运气较好，能够通过商业计划书找到天使投资，如果运气差，就只能靠团队自身的积蓄，等资金好不容易就位后，再找办公地点，注册公司、网址域名和商标，然后招聘员工、开发产品，而这套流程走完，短的需要 3 个月，慢的能够拖到 9 个月以上。等有了产品，还需要继续砸钱，向创业者最初设想的目标用户进行推广和营销，但往往发现，产品推广并不容易，网站流量低、APP 下载量低、电商产品卖不动、服务更是无人问津……此时，创业者又需要花钱去调整方向，结果却发现账上已经没有多少钱了。

在互联网创业阶段，许多创业者就是这样倒下的，让他们倒下的并不一定是市场竞争，而是一开始就制约其发展的成本。

但在垂直创业中，你完全可以做到低成本甚至零成本创业。

江水平是南京一家小施工队的领头者，他没有自己的公司，主要依靠 QQ 空间和西祠胡同宣传自己的装修模式，每年营业额达到 1000 多万，利润 130 万，超过了许多同行。江水平的施工队甚至没有自己的办公室，他的服务人员全部在自己家办公，而和客户签约的地方都是肯德基或咖啡馆，很简单就能把合约定下来。

江水平是怎样做到这一点的？

创业时，因为孩子太小的缘故，他只能从北漂的生活状态中回到南京来，江水平的手中只有 4000 块本金，但他一分钱也不敢花，房子也是临时租住的。为了省钱他只能去网吧里上网，找论坛发硬广告，时间长了，他开始在装修论坛里以“包工头装修日记”的名义，向网友解释装修黑幕，表达自己的看法，也为网友们解答疑问，因为解释得很专业、很实在，他的建议很受好评，自己也真的成了装修方面的行家。

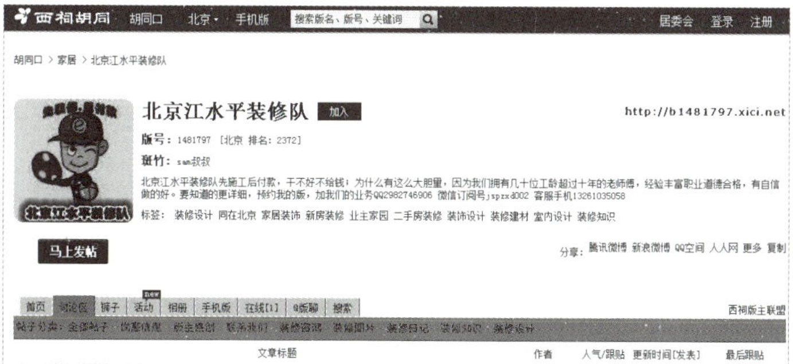

后来，江水平开始自己找“根据地”，在西祠胡同免费拿到一个讨论区，然后开始发表软文，全面向网友介绍自己的装修队有什么不同。同时，他还很注意自己帖子内容的多样化，不仅有装修业务，还有他个人对父母的孝敬、对妻子的关爱等，从而塑造出积极的个人品牌。

正是这样一步步的宣传发展，让江水平在互联网运营的家装模式这个领域有了充分的资源积累，在这样的积累基础上，他的业务迅速扩大，已经超过了普通的实体家装公司。

江水平选择垂直领域创业，利用互联网自媒体工具来对自身和业务进行专门的营销，获取了一个城市潜在客户群体的信任。最关键的是，这些做法并不需要多少成本，他利用这种看起来原始的互联网创业方式，在装修垂直领域开辟出自己的创业天地，获得了很大的投入产出比。有了这种其他公司所难以获得的推动力，江水平的装修队走上“正螺旋循环”也就并非难事。

在移动互联网时代的垂直创业中，你完全可以先不用去找办公场地、公司、员工甚至产品，而是先打入一个垂直市场，将垂直用户圈入你的商业范围，等有了大量用户在手中时，自然能够获得更多的资源。同样，你也可以先打造个人品牌，利用现有的互联网文化和工具，可以很快在你擅长的专业获得垂直人群或行业的尊重，并因此能够具备比他人更好的创业优势。

3. 垂直领域创业符合重度垂直的趋势

不管是不是互联网时代的创业者，企业家都需要了解到，下一步引领市场营销风向的，将是深度垂直。

所谓深度垂直，强调的就是企业要足够专业，能够通过直接面对用户来缩短产品、体验和反馈的链条，打造出最好的体验。深度垂直，能够让企业提供的产品具有更深入、更加针对、更加专注的体验感，这是传统企业无法做到的。举例而言，虽然苹果系列产品并不是互联网创业的结果，但由于苹果对其使用客户群形成了深度垂直效应，能够给他们完全不同的体验，因此形成的“果粉文化”为苹果打造出强有力的壁垒来抵挡竞争者，这将是未来企业竞争中足以超越品牌力量的强力武器。

而垂直领域创业的企业，虽然起步较晚，但其优势却在于可以利用较之以前更好的互联网资源，来做好垂直领域中的细分市场和业务，这无疑符合未来的发展趋势，足以带来推动企业自我发展的良性循环。

2.4 以自己的内容指引顾客消费自己的商品

曾几何时，互联网的发展给用户们带来了极大的吸引力和关注度，随着新时期互联网的发展，越来越多的模式出现，而垂直领域网站内容也起到越来越大的作用。这意味着，单纯提供信息的网站，已经逐渐丧失了发展动力，只有不断地将新资源整合进入你的创业模式，让你的内容得到市场不断关注，进而能够持续引领用户。这也正是为什么那些重要的、成功的垂直网站或项目，都在打造多元化、多渠道的应用机会，他们通过不断细分和延伸，将那些看起来不相干的业务进行整合，从而在为用户提供服务的时候，给他们不知不觉的引导，用自己的内容，指引顾客消费自己提供的商品，进而实现双赢。

汽车之家是一家汽车行业垂直网站，主要为汽车消费人群提供专门的资讯内容和论坛。汽车之家的创业模式并没有什么创新之处，他们主要为汽车厂商和经销商提供在线的营销服务，汽车之家之所以能够在众多汽车网站中脱颖而出，并将垂直模式的效应发挥到最大，其离不开创业团队对产品内容和用户需求的把握。

汽车之家目前运营着“汽车之家”和“二手车之家”两个网站，其中，汽车之家在不同的营运指标上都领先市场中的竞争对手。根据 2013 年 9 月的数据显示，汽车之家网站日均 PV1.042 亿，用户在线的时长，占到用户在线浏览汽车整体信息时间的 46%，平均每个用户每天在汽车之家的网站上花费 15 分钟左右。

汽车之家网站从开设初期，就注重将内容作为产品和服务的引导方向，一切为了用户体验而执著追求，甚至可以为了内容的优质性而放弃部分商业利益。例如，汽车之家网站上有一批忠实汽车爱好者，他们个人贡献了大量产品内容，很大程度上丰富了整个网站。又如，汽车之家论坛有着不同车系主题的板块，

> 其创始人李想曾经说，表面上看，我们的编辑在写文章，但其实我们更多是在整合优质文章，而我们写文章是为了引导用户写文章，同样，我们提供的产品报价也是经销商提供的，我们不用到处去踩低报价。

无疑，汽车之家利用了用户自发贡献的文字内容。一方面，这些内容是网站自身的数据信息，另一方面，将是新用户买车时非常好的参考。当用户浏览完相应内容后，就会在网站内马上链接到产品，在汽车之家强大的数据挖掘和精准营销能力下，呈现出不同的商业模式和用户行为。

汽车之家这种以消费者为导向的内容特点，从创办一开始就体现出来。汽车之家并非最早进入汽车领域的网站，门户网站有汽车频道，还有大量类似的垂直导购网站和论坛，然而，其中大多数网站内容缺乏足够的话语权，主要是汽车厂商主导，没有应有的客观独立性，用户无法积极获取有价值信息，也就无法从网站提供的内容上联系到网站提供的产品。李想看到这种情形，希望能创办一家真正能够为汽车消费者提供有价值信息的网络媒体，而发展到今天，汽车之家的定位早已不再是单纯媒体，他们能够为用户提供选车、买车、保养和置换等相关信息服务，也能直接将用户导流给厂商和经销商，营销效果相当好。

从信息的提供者，到服务平台的营造者，汽车之家在垂直领域的挖掘，比普通门户网站更能体现出垂直创业的优势，而它们对用户的引导力量、对营销资源的汇聚能量，显然也要比其他项目强大许多。

互联网垂直创业之所以具有普通网络创业项目所不及的魅力，就在于这样的创业必须要清楚三件事情：用户是谁？他们想了解什么？他们想拥有什么？掌握了这些问题的答案，就能有效地既做到减少营销开支，又能高效地将用户转化成为顾客。无论你通过怎样的互联网途径，只要你能够为用户提供针对性地一条龙服务，就能从这样的垂直创业中受益。

垂直创业，将是新时代创业者迈向成

功的必修课程，而下面的要点，则能帮助你正确利用内容来引导客户购买商品。

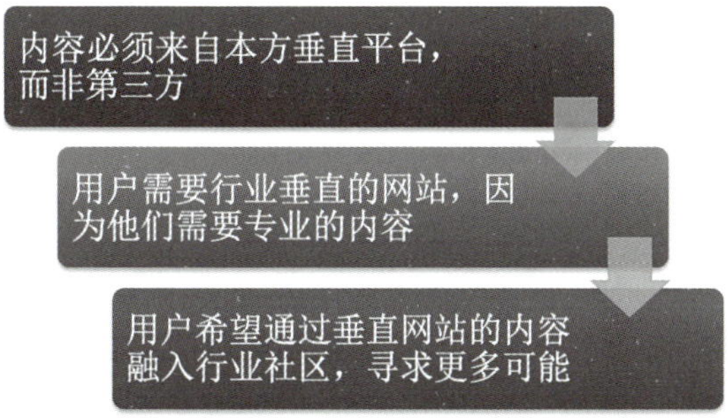

1. 你的内容必须来自本方垂直平台，而非第三方

曾几何时，创业者着重通过搜索引擎和综合 B2B 平台上的竞价排名进行产品推广，他们希望用户能够通过这些方式，了解到有价值的内容，并通过这些接口转向自己所提供的产品和服务。然而，这样的思维方式已经不适用于目前，今天，潮流因素改变了这一切，而使得人们更加愿意接受来自垂直网站的信息。

从创业者本身来看，使用搜索引擎和综合 B2B 也会带来越来越高的成本。例如：如果你希望用户通过这些方式看到你的信息，那么你就必须进入排名推广系统进行竞价，你必须经常关注竞争对手的出价，然后出价更高，这样才能排在对手的前面；而与此同时，你又需要控制每天的推广成本，否则即使你每天投入几千甚至几万的竞价成本，都有可能在短短几小时内因为点击量暴增而消费完毕。尤为可怕的是，你无法知道这些点击究竟是对产品感兴趣的客户所点击，还是你的竞争对手恶意进行的。等你停止了竞价，搜索网站又会让你重新回到零点，你想要客户看到的信息消失在茫茫网海中，之前投入的大量广告成本等于没有回报。

同样，在 B2B 综合平台上，信息排名之争也异常激烈，你可能需要在 B2B 平台花费几千元的会员费去申请和成立自己的企业网站，但如果你不购买后续的推广服务，网站、产品、服务、信息都会被安排在用户根本不会关心的位置。

总之，不在自己的“一亩三分地”上推广内容，用户无法被你管理、引导，因为他们甚至都不知道你的存在。

2. 用户需要行业垂直的网站，因为他们需要专业的内容

今天的用户上网背后的动机，是希望获得更多帮助。他们会带着这样的问题打开浏览器：究竟怎样的内容才能帮助我？如果你的垂直网站能够理解他们的需求，并且真正帮助他们，就能够成功地引导他们的行为。例如，IT 行业中，中关村在线网站能够向用户提供帮助，给他们以丰富的品牌、价格和性能对比信息，这样才能产生对用户的影响力。在类似这样的垂直网站中，他们不仅为用户带来在综合门户网站无法看到的深入行业新闻、评论、产品信息和社区讨论等，更重要的是真诚友善的第三方气氛，可以获取用户信任，并提供符合实际情况而并非单纯宣传的内容。

可想而知，当客户寻找到你的网站之后，能够既查看到产品内容或行业信息，又能够有效地“过滤”广告，他们不必再浪费时间在百度或者阿里巴巴上，只要你所提供的内容是和他们的需要紧密联系的，他们就很容易对你的垂直网站或项目产生很高的依赖性。

在进行垂直创业前必须记住，客户并非只需要搜索功能、产品介绍和链接，他更需要一个对他有帮助的专家，需要专家为他提供产品对比、研究、评论和相关知识的内容，这些知识内容只有在垂直情况下才能加以整合，并做到精细化和纵深化。

3. 用户希望通过垂直网站的内容融入行业社区，寻求更多可能

在好的垂直网站中，由于内容丰富，其行业氛围也非常浓厚，除了用户马上可以使用到的内容之外，还有诸如新闻、评论、博客、专题、空间、论坛、问答、百科、视频等内容，相比之下，传统平台只能为用户提供基本内容而无法加以全面引导。当你的垂直创业网站可以让用户了解趋势、认识朋友、采购产品、学习知识甚至打发时间等诸多需求得到满足时，他们就会融入你打造的圈子，在这个圈子中，自然可以完成销售产品和提供服务的目的。

Part 3

要么枪口，要么风口
——垂直创业的陷阱和选择

3.1 商业模式不清晰

垂直创业，是成功还是失败，和创业人对商业模式的选择有着必然的联系。不同的垂直创业项目可以根据不同情况，选择合适的商业模式，从而突破生存、发展和盈利的瓶颈。然而，到目前为止，不同的互联网垂直创业项目，并没有必然成功的商业模式，也没有必然失败的商业模式，之所以如此，就在于垂直创业项目并非完全基于互联网来创业，而是基于整个创业平台和生产经营行业的联系，换而言之，垂直创业就是由专业人主导的互联网化商业模式。

什么是专业人主导？所谓专业人，就是互联网时代下由行业专家来对某个行业的资源进行整合，并在此基础上形成项目。这种创业项目，和原来那种单纯互联网平台上的产品营销是不同的。比如淘宝作为一家电商，无论其营业额有多高，都依然是简单的行业资源集中，并没有发生商业模式层面意义上的资源整合；而另一些号称垂直创业的项目之所以会失败或者陷入增长困难的境地，也是因为其实质上也只是某一类商品在互联网上的营销平台，并不是由专业人主导的，也没有形成严格意义上的垂直创业的商业模式。

> 比如，某语音软件，高调宣布进入在线教育领域，他们希望通过整合教师资源进入自身网络平台授课进行二次创业，如果深入挖掘，可以将之发展成为专业化的商业模式，即由教师作为核心的互联网垂直商业模式。然而，该语音软件所建立的商业模式，并没有真正设计教育行业中软件和硬件的平台，没有在学校行业内部进行教师资源整合，结果虽然形式上是创新的垂直创业，但却没有全面而深度的资源整合，谈不上具备独创性的商业模式。

其实，类似于该软件项目的困境，是由多重内外因素造成的，其中虽然有自身经营方向的问题，更多是商业模式选择的问题。

相比于综合性创业项目，大多数垂直创业项目是聚焦某一个细分品类的商品或服务。这就需要垂直创业者在商业模式的构建上，克服其天然的问题——盲目引入多元化商业模式。

用户虽然有集中对某类商品或服务进行消费的需要，但也有在一个平台上完成对所有感兴趣商品进行选择、采买的需要。尤其在一站式的综合性平台上，用户能够面对不同的产品，而不是有限的选择空间。在传统意义上来看，这样的模式特点并非垂直项目的优势，垂直创业人往往因此尝试建立多元化商业模式，但是不能盲目采用平台的思维和逻辑，否则很容易一开始就走不准模式的节奏而导致失败。

> 例如，很多垂直创业企业一开始是从细分标准品类出发去构建商业模式，但随着自身成长发展，反而放弃了应有的专业性，试图变成综合性、多元化的商业模式，但却并不清晰。更大的问题出现在竞争过程中：垂直创业的多元化商业模式中，20% 的畅销产品或服务占据了 80% 的销售额，但如果去掉剩下 80% 的产品或服务，又会影响用户建立起来的体验。结果，垂直创业企业发现，自己的商业模式虽然越来越“多元化”，需要面对的却是早已成熟的综合性平台竞争对手，面临着更大的压力。

因此我们看到，许多垂直创业项目的网站，和综合门户网站相比，无论是提供的服务还是产品，实际上并没有什么差别，而所谓垂直，也只是做到了表面的垂直，却没有真正的运营特点，难以形成商业模式上的保护壁垒，反而落入价格竞争怪圈，导致利润持续走低。

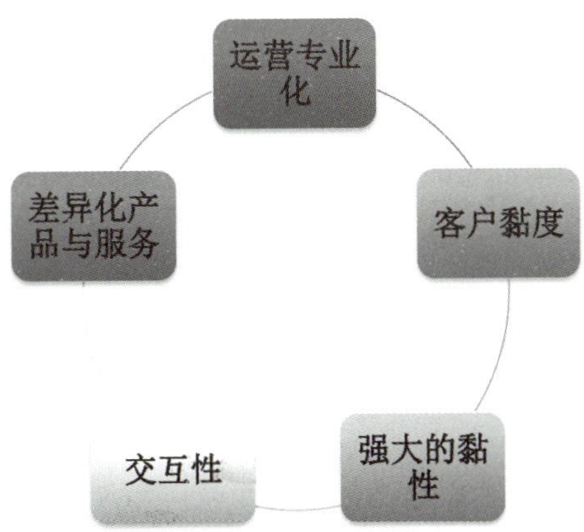

其实，垂直创业所需要建立的商业模式应该更加专业化，其运营方式也更加专业，通过提供差异化强烈的商品或服务，和用户产生更多的交互，从而产生综合性平台的多元化模式中无法复制的用户忠诚度和用户黏性。

想要建立属于垂直创业的正确商业模式，应该从以下方面入手。

1. 不要一味追求商业模式的规模化

近年来，互联网垂直创业者的焦点往往集中于做大规模。他们或者想要为了和竞争者拉开距离，或者想要获得更大的融资数额，而目前一些垂直创业项目本身也需要讲究规模能力，因为手头没有足够规模的产品、用户，也就难以形成对产品供应商的议价能力，无法有效地摊薄成本。然而，需要明确的是，垂直创业本身并不仅仅需要追求规模，其竞争更大意义上是商业模式质量的竞争，其中，商业模式能在多大程度上决定你的产品或服务不同于其他人，是非常重要的。许多创业者并没有意识到这一点，而是一味追求商业模式的规模化，结果最终难以为继。

2. 要拥有创新的销售模式

互联网让交易行为从线下发展到线上，垂直项目中，买卖双方的关系形式发生变化，但是本质上，其销售和传统的交易行为没有什么不同，但一些优秀的垂直类网站因为建立了属于自己的销售模式，而赢得投资者青睐，并占领了相当的市场份额。

如果想拥有创新的销售模式，就要充分利用互联网特性，对商业行为中的某个环节进行提升或改善，满足用户消费过程中的购物需求，提升用户忠诚度和活跃度，这才是垂直领域创业的优势所在。

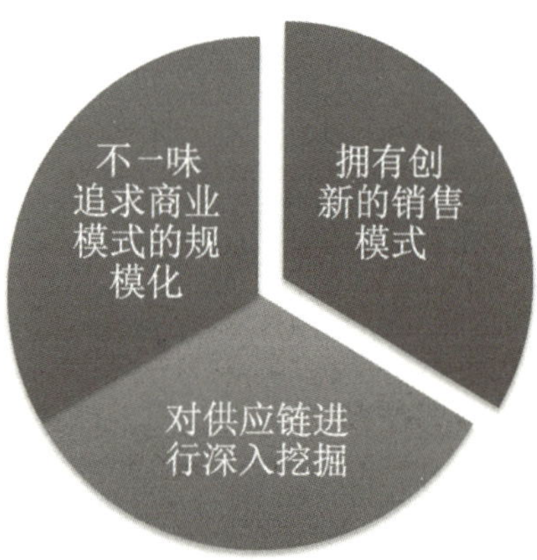

例如，在垂直创业领域的商业模式中，限时特卖是相当典型的创新销售模式，垂直网站可以通过集中对某个特定人群如孕妇、老年人或者司机、律师等，在限定时间内提供他们必需的产品，并提供一定的价格优惠，从而刺激这些特定人群的冲动购买。而且由于该模式下产品定时更换，特定消费者每次进入网站，都会有新发现，因此好奇心和期待感将会促使他们对垂直网站形成高度黏性，并产生较高的重复购买率。

另一种可以借鉴的方式是提供周期购消费模式，网站可以根据用户的人群特征，向他们提供按照周期自动发送的产品或服务，这样，就能够免去他们定期购买的烦恼，给他们带来更好的使用体验。

3. 对供应链进行深入挖掘

商业模式的高度，也包括创业者如何设计和抬高供应链的高度。一个成熟的互联网企业，能够加强对企业提供产品和服务的源头质量，并以此去优化整体供应链，提高商业模式运作的效率，实现成本和收入的最优性价比。

例如，你可以通过重塑供应链，寻找相互关系紧密的产品，进行配套出售，或者将看似独特的服务结合在一起提供，这样，就能够丰富商业模式的层次，实现专业商业模式和多元商业模式之间的有效差异。

垂直创业中，商业模式必须要解决三大基本问题：顾客是谁、产品或服务是什么、他们为什么愿意付钱，才能达成一个明晰优秀的商业模式。同时，这样的商业模式还需要在实践中不断优化不断修正，甚至是不断试错，才能变得日益完美。

3.2 误把概念当方法

目前来看，在垂直创业中，O2O 是典型被过度包装、过度拆解的概念。广义上，只要是能够将线上线下的隔阂打通，并达到无缝链接的消费体验的产品或服务，都应该归属于 O2O，而目前 O2O 更多集中在餐饮、团购、二维码、票务等具体领域。O2O 是一个跨业态的综合平台，其中包含了营销、服务、产品、互联网、商业模式等诸多方面。

2014 年，O2O 市场开始急剧升温。一方面，市场中的创业者越来越多，他们为用户提供的服务已经从线上覆盖到了线下日常消费中的各个方面，从新概念、新模式到新技术不断出现。另一方面，资本市场对 O2O 的关注也越来越多，无论是早期的投资还是中后期的投资，都不缺乏大手笔，让许多 O2O 公司都开始有足够底气参与市场竞争。

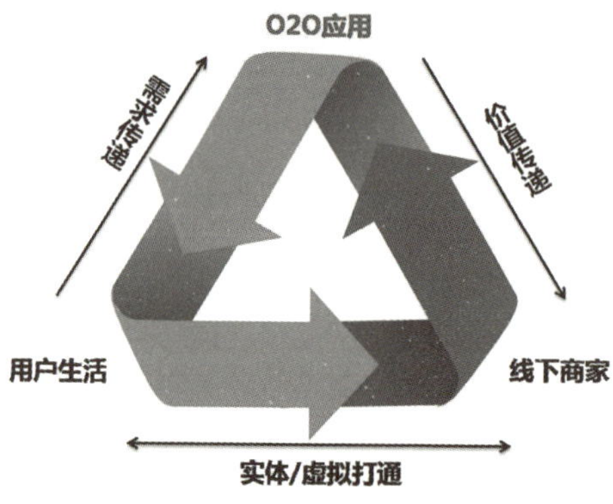

然而，在今天的垂直创业领域，O2O 概念已经被用得太多，进而导致泛滥。不可否认，今天的互联网确实改变了用户生活中的不同方面，从寻找信息到寻找商品和服务，互联网都能够为用户提供许多良好的解决方案。而作为创业者，面对着自己的事业与用户，自然也会不可避免地走互联网和线下结合的路线，但这也导致

O2O 的概念不断泛滥。即使是 O2O 概念最初的提出者，恐怕也难以想象在中国，这个原本并不复杂的概念，会产生如此众多付诸于实践的商业形态，从最初的团购大战，再到对诸多传统行业领域的不断渗透，包括房产、旅游、汽车、医疗和教育各个另类的实践者。

由于有 O2O 的概念，似乎垂直领域创业变得更加合理和“高大上”了，变得离传统行业更近了，然而，也正是因为过度爆炒 O2O 的概念，当听说到这个词的时候，不少人想到的不再是机会，而是排斥，因为概念一旦过度包装，就难以让人心平气和地接受。由于目前垂直领域创业中对 O2O 的盲目追捧、定位和包装，导致了创业过程中产生的不切实际的幻想，造成了宝贵的创业资源被浪费，并无法带来良好的实际效益，让垂直领域创业者面临着难堪的失败境地。而其中最容易产生的错误，是那种“只要想办法从线上吸引到用户来消费就是成功创业”的想法。

创业者要明白，O2O 更多是一种思维方式，是基于移动互联网进行的分层垂直概念，而不是一种直接的创业操作方法，同样不是创业模式。想要用 O2O 思维方法来指导创业，就要正确地对之加以深度理解，并进行拆解和重构。

一、问题表现：O2O 概念取代方法

我们可以看看对 O2O 概念的误解产生了哪些实际问题，并研究如何加以解决。

1. 对垂直市场过度细分

这种错误的典型表现，就是对自身垂直用户群体进行再一次地“细致”划分，并因此人为地制造出其中的不同需求和属性。然而，这种细分并没有真正为创业者带来经济效益，反而有可能提升成本，导致创业失败。

例如，位置购物移动项目的垂直创业，在中国起步较晚，具有代表性的是“逛店宝”产品，但上线两年多来，逛店宝并未盈利，也没有获得任何大型投资。这款产品本身其实很有创意，是一款LBS生活购物服务的手机APP，通过这一APP，零售企业可以在手机上开移动商店，充分展示商品和促销的信息，并能够激励用户在APP上点击商店广告，走进线下的实体店。

这款APP采用的O2O概念，实际上是模仿了美国的位置购物移动手机应用，希望能够在线下实体店购物的人群中再度进行细分，构建出新的垂直用户群。然而，目前中国并没有产生足够的线下市场作为基础支持，这一模式也未能获得商家和用户双重的认可，尤其是在国内，可以直接推广的城市较少，商务区也有限，因此，这种抓住了O2O概念的没有将之落地化的移动产品，注定会面临失败。

2. 对价格营销的过度重视

价格的制定，本身应该和垂直创业项目的战略、垂直市场需求度、产业链结构等相互联系，价格制定较高，显然无法适应用户群体需求水平而失去竞争力，但目前在垂直领域中，为了实现“线上拉人”的模式，往往将价格制定较低，希望以此来提高竞争力，结果反而事与愿违。

盲目进行降价，导致垂直领域创业者一味通过降低产品价格来拉动线上线下的人气，为了形成O2O的市场循环，而不惜大打价格战，结果并不利于创业项目的正常发展，导致应得利益随之丧失。

从正确的垂直创业模式来看，价格战并不是竞争的必要结果，往往是由于创业者选择的垂直产品过于同质化，除了选择价格战之外没有其他选择，出现这种情况，往往在于你的项目只注意到了O2O概念“线上—线下”的过程，却没有注意到在线上环境和线下服务的过程中打造出不同因素，结果让垂直用户无法发现环境、条件和产品上的本质区别。

例如，曾经名气不小的千品网，是第一个提出O2O服务商城概念的垂直企业，其初衷希望能够打造出新的O2O服务商城模式。然而，由于千品网进入这一模式较早，而提供的产品又和普通团购产品没有本质区别，面对着聚划算、美团、窝窝团、大众点评网这些垂直团购网站，并没有什么优势，结果只能采取降价策略来吸引流量。在一轮轮激烈的团购竞争下，千品网的营销投入和人员成本面临巨大资金压力，而积极寻求的B轮投资也没有成功，最终导致千品网资金链断裂。

3. 服务过多

将O2O作为创业思维方法没有错，但并非每个垂直领域项目都应该千篇一律地按照O2O所强调的“线上与线下结合服务”来对待用户群，更不应该把服务做得过多、过滥。这种情况往往源于片面地根据O2O思维，去强调用户在线上的体验和线下的服务，把少部分行业、少部分人群的个别需求，作为创业发展的重点。这导致一些创业项目不惜力量地去打造线上和线下的服务项目，无论用户现有体验如何，也不管用户是否真的需要这些服务。这种盲目的追求，无助于提高创业项目的效率。

以目前兴起的上门O2O垂直项目为例，以用户家庭为主要消费场所的O2O垂直服务出现了大量创业公司，比如干洗客、河狸家等，都是由用户通过网站或手机APP下单，然后有工作人员进行上门服务，但在迅猛发展的表象之下，风险也有所聚集，其中最大问题是这些上门服务真的有那么多顾客需要么？或者说，有多少上门服务需求是伪需求？例如，当顾客并没有形成“被服务”的刚需时，创业者非要通过烧钱补贴来改变用户的需求习惯，这样做就真的是垂直创业的正确做法？答案当然是否定的。

也正因如此，大量服务类O2O创业公司，在发展初期就遇到了相同困境，他们需要用补贴和高质量的服务去提高用户评价，但同时又急需扩大市场份额和订单量，这样才能用有说服力的数据去吸引风投……矛盾的根源，在于创始人最初所提供的服务过多，是用户目前不需要的。

1. 对垂直市场过度细分
2. 对价格营销的过度重视
3. 服务过多

上述三方面问题，在目前垂直领域创业中尤其多见，除去O2O概念的光环和围绕其产生的幻想之外，单纯将国外的O2O概念照搬过来成为垂直创业方法，是并不恰当的创业策略。对于本地的创业者来说，放弃对概念的抄袭，还原到创业本质，是相当重要的，而亟需着手的，就是对O2O的有效拆解。

二、有效拆解：打开O2O链条

O2O链条中，Online部分是对流量的引导，而Offline则是在线下实现服务，这两部分应当形成链条，相互影响促进。但许多垂直创业者的思维却受到传统领域的影响，以为线上部分无非是进行广告，而线下部分就是实现利润，这当然是需要加以改变的想法。

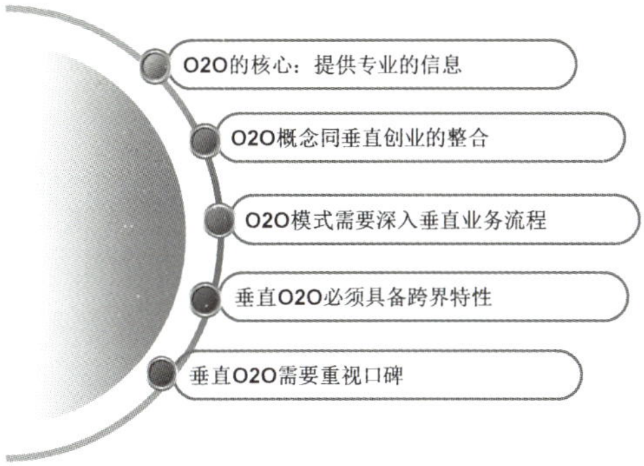

1.O2O 的核心：提供专业的信息

互联网和移动互联网改变了信息传递的渠道和方式，而 O2O 和垂直创业最大的结合点，应该确定为“如何利用网站和 APP 来取代中介、机构”。只有解决了这个问题，你才能够让 O2O 思想真正融入你构建垂直平台的过程，能够让整个垂直项目无论在线上还是线下，都能够围绕着“专业信息”来进行，让线上和线下的链条被信息流加以链接，才能使得你的企业占据价值分配中的重要地位。

2.O2O 概念同垂直创业的整合

垂直创业，需要深度整合特定的行业，不同的行业有其独特性，为了针对不同的垂直用户群体提供不同用户体验，垂直平台需要在用户体验上充分考虑垂直市场和行业的特点，为该行业进行定制。

3.O2O 模式需要深入垂直业务流程

由于垂直项目大都关系到比较复杂的业务流程，想要能一举改变用户体验，就要利用线上技术对相关业务进行流程改造。为此，创业企业也需要加快信息在内部的传递，和用户进行充分的互联网交互，并将线上内容深入到整个垂直业务流程中。

4. 垂直 O2O 必须具备跨界特性

在垂直 O2O 项目中，必须既要有对垂直领域充分熟悉的行业从业人员，也要有互联网技术的熟悉者和掌握者。不同的行业，对此规则有不同的认识和应用，但在绝大多数垂直 O2O 中，需要的是能够“跨界”的人才，即同时具有传统行业从业经历又熟悉互联网大趋势的人才。

5. 垂直 O2O 需要重视口碑

对于垂直市场而言，互联网本身是新兴渠道，但在线上的实际操作中，企业并非只是投放线上广告，或者去相关网站或社交平台发布信息，而是要通过垂直领域的有效经营，实现口碑式营销，即将打造口碑作为线上服务、线下活动等一系列经营场景的中心任务，并形成 O2O 闭环链条中的核心任务。

3.3 被其他平台把持流量入口

互联网垂直创业，离不开流量、转化率和客单价，而其中流量又是重中之重，这是因为只有先具备了巨大流量导入，才能不断对用户进行转化，并进一步提高用户的重复购买率，同时逐步提高用户单次购买的数量。然而，面对如何获取流量这一问题，垂直创业者往往交出了错误的答卷：被其他平台把持流量入口。

来看看这些场景中，平台是如何把持垂直创业者的流量的。

近年来，在线教育市场日渐火爆，但其中创业公司的生存空间却变得越发狭窄。目前，互联网在线教育面对的流量空间很小，和游戏、视频、房产、汽车等行业流量有着相互转换的价值不同，教育作为特殊市场具有其垂直的特殊性，难以从互联网中任何一个平台直接转化过来，而更多的生源流量，还是掌控在传统的线下教育培训机构手中。

就目前而言，在线教育的创业项目，或者陷入困境，或者被迫和线下当地教育机构合作，或者只能走上从BAT三大流量入口有偿获取流量的路线，由此带来的市场成本相应增高，而留给创业公司的机会也就相应减少。

“美丽说”是国内最大的女性快时尚电子商务平台，其客户定位为年轻、时尚、爱美的女性用户，年龄集中在18岁到35岁之间，整个平台拥有超过1亿的女性注册用户。美丽说在成立一年多之后，用户量已经超过100万，他们是怎样获得如此暴涨的流量呢？除了自身技术基因、产品特性和社区类型之外，主要采取了下面的方法。

认真分析流量来源和分享方式，采取直接平台合作的方法，研究一切能够获取流量的方法。其中一个典型的例子是，相当比例的用户会在QQ聊天中高频率地相互发送美丽说网站链接并形成扩散，于是美丽说便和QQ产品团队合作，将链接加入了QQ聊天白名单，一旦用户贴出链接，聊天窗口就能直接预览产品大图、价格和评论。

将优质内容分发到其他渠道，包括微博、QQ 空间、豆瓣、人人网等，互联网上每个开放的平台，都是美丽说内容输出的目标，同时，美丽说也会在这些大平台上积累大量粉丝，获取相应流量。

依附淘宝做大自身。在美丽说创业初期。有人统计，美丽说中有一半的用户均为淘宝卖家，由于百度对淘宝店主的打击，淘宝店主纷纷选择美丽说来作为自身产品的宣传推广基地。

美丽说依靠上述方式迅速崛起，并形成了“美丽说模式”：在垂直领域中，为有相同兴趣爱好和购物需求的人打造一个社区，在社区中，人们可以相互推荐、评论或者分享商品，而商品的链接是来自外部电商网站，社区本身通过对广告展示和点击购买来取得分成。

这种模式的关键在于流量，很快，由于美丽说发展壮大，阿里巴巴公司开始担心影响淘宝在相关产品中的重要性。从 2013 年开始，淘宝先后出台针对性的管理政策，例如收取 10% 的技术服务费等，而美丽说（包括与其类似的蘑菇街）到淘宝的外部链接也开始经常出现问题。根据 2013 年的 Alexa 数据显示，在当年 6~7 月，美丽说的流量排名大幅度下降，并最终从全球 1000 多排名直接下跌到 6000 名。

目前，美丽说已经开始走 O2O 模式，并和微信合作。但回顾当初美丽说导购模式的失败，实际上在于其对流量缺乏自身的掌控能力，在最高峰时，百度、QQ 和淘宝三家平台，给美丽说带来超过 50% 的流量，虽然这样的流量带给美丽说每天高达 150 万的浏览量，但一旦这些流量入口为了确保自身利益开始控制流量，无疑就影响到了美丽说的发展。

诸如此类的案例并不少见，众多垂直创业企业由于缺乏流量来源，只能选择依附于腾讯、天猫、360 这些大平台，似乎只有这些大平台能够为它们带来流量。的确，这些大平台能够为垂直创业企业带来人气，但由此带来的高昂成本使垂直创业企业难堪重负。据统计，从大平台获取流量挖掘新客户的成本，从前两年的几十元一个人，已经达到当下的 300 元一个人，而越是如此，它们反而越需要依附 BAT 这些大平台，被大平台压榨得更加厉害。

那么，怎样才能避免创业伊始就被核心流量入口、行业大佬网站们用地位来压制、用提高收费价格来威胁呢？下面提供了一些解决的思路和方法。

一、关注流量，但更要关注流量的质量

流量虽然是垂直领域创业的基础，但不能盲目关注流量的数字多少，也要关注流量的质量高低。低质量的流量，转换率较低，即使完成了转换，将用户变成顾客，其购买范围有可能只限于深度折扣的产品，或者是领取赠品，对垂直创业企业的利润和价值都谈不上实际贡献。类似于这种流量，就应该果断停用，更不应该让其掌握在大平台手中，占用你的时间成本、运营成本、客服成本等。

获取高质量流量的办法有下面几个。

1. 对不同渠道提供的流量进行细化管理，采取不同的策略来设定流量高低标准和转换率的目标；

2. 对平台引入的流量进行一定控制，多选择几个平台如搜索引擎、导航网站、电商平台、社交网站等，“将鸡蛋放在不同的篮子里面”；

3. 通过计算不同平台带来的流量，加以仔细辨别，发现其中偏向性，并在不足的平台上加以提升和拓展，而对于过度依赖的平台，则应该进行控制，从而避免依赖其流量。

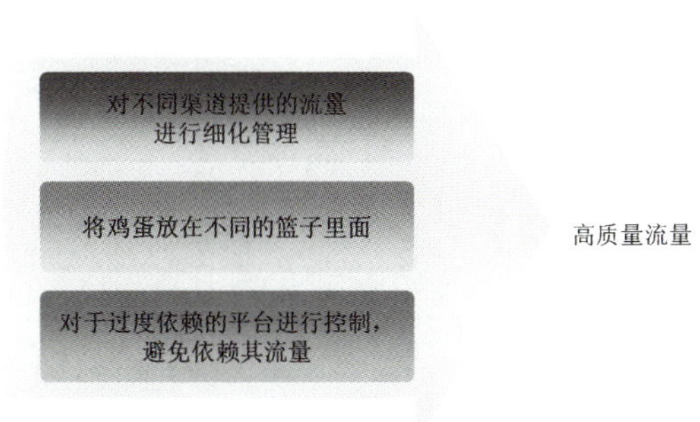

二、获取第一手流量

相比于通过 BAT 等大平台获得的第二手流量，获得第一手流量对垂直创业者而言更为重要，也更有意义。正如一家垂直电商的 CEO 曾经说过：百度就如同毒品，创业者明知道要花很多钱，而且花进去的钱很多会打水漂，但竞争者都在投，你不投，就会心里不踏实。

某种意义上而言，大平台就是流量贩子，而购买流量的代价是极为昂贵的，更不用说还要招募非常了解平台运营规则的成员团队，更受制于人员的培养和流动。

那如何获得第一手流量呢？

1. 一定要打造高质量产品

互联网创业成功的共同点，在于拥有高质量的产品，这样才能在低成本情况下获得有足够黏性的大流量。

所谓高质量，并非只是指产品的用途和性能，也包括产品价格、产品图片、产品关键字、产品在网站上最终页面的设计、产品运费或支付方式等，这些都是垂直创业者需要加以精心设计的。同时，你的垂直创业一定要站在与众不同的产品或服务上，避免同质化，避免产品性价比低、或用途并不专业、或缺乏良好体验而难以吸引流量。

2. 一定要形成好的内容

你的网站的宣传文字内容一定要与众不同，从而增加页面访问量，而这些更新快、质量好的文字也会吸引那些潜在的消费者来点击链接进入你的网站。

产品图片一定要注意清晰，让用户在浏览之后产生足够的信任感，而模糊的图片难以确保有如此效果。

产品宣传图片还要丰富而多层次，整体产品图片、侧面图片、细节图片以及包装后的图片，都应该加以陈列，因为越是图片齐全，越能够吸引流量。

适当对页面进行必要的装饰，多采用不同的色彩和字体，并让页面看起来更加精致；在重点内容上使用特殊效果加以标出，并可以将之拆分成为一些简短的小句子。

3. 进行有效网站推广

与其直接从大平台购买流量而受到挟制，不如由创始人进行有效的网站推广。注意，网站推广是有技巧的。

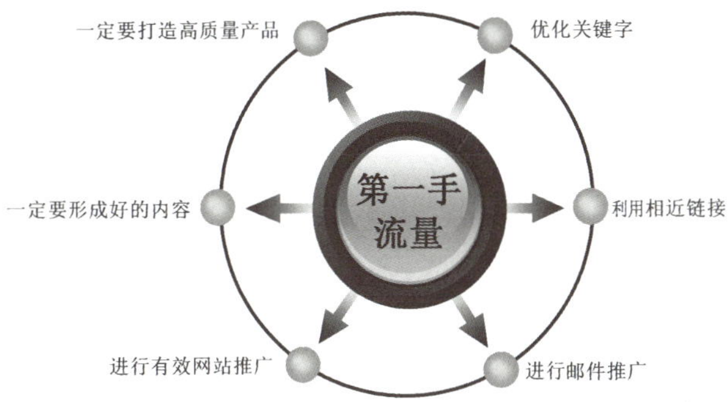

4. 进行邮件推广

垂直创业者不要进行随意的邮件群发，否则即使能获得流量也大都是低效的，缺乏实际意义。你可以寻找到和垂直领域相关的群、讨论组或专业社区，并通过和群主等创始人的接触，获取推广的权利，并进一步利用邮件推广形式来吸引流量。

5. 利用相近链接

你可以和内容相近的网站互相提供方便快捷的页面链接，这样，就能够进行交叉推荐，从而迅速帮助你分享他人的流量。当然，你也需要在自己的网站上为别人提供类似的链接，从而实现多方共赢。

6. 优化关键字

对关键字的优化，是获得流量的重要步骤。选择最适合的关键字去进行研究和分析，能够确保关键字在各大搜索引擎平台上获得免费的高质量流量。同时，指向性明确的关键字能够保证前来浏览产品的顾客是“精准”的用户群体，从而提高流量的转化率。

3.4 警惕互联网金融的侵袭

自从2013年余额宝成为互联网金融产品的“始作俑者”，互联网金融就成为焦点，其已经在相当程度上改变了中国整个金融业的生态。在这样的基础上，怎样警惕互联网金融的侵袭，包括防止现金流被掌控、支付入口被转移等，已经成为了垂直领域创业者乃至整个互联网创业的参与者亟待面对、研究和解决的问题。

毫无疑问，互联网金融产品已经使得金融行业的竞争格局大为转变。下面来看看目前中国互联网金融市场的局面。

处于第一梯队的为阿里和腾讯两大网络平台，阿里依托其淘宝电商平台做大，在互联网企业中率先将平台、金融和支付三者之间的渠道打通，并很好地结合起来。目前，阿里金融行业业务包含了消费信贷、小额贷款、互联网理财、供应链融资、保险产品等，并已经进入了银行业务领域。

相比之下，腾讯依靠其社交平台做大，在平台广泛性和用户绝对数量上，具有其他互联网金融公司难以匹敌的优势，虽然腾讯自身金融业务的属性不高，但由于微信和 QQ 所掌握的巨大用户数量，通过自身渠道而进入金融业相对简单，同样也进入了保险、证券和基金领域。

处于第二梯队的包括京东、苏宁、东方财富、平安、新浪、百度等公司，这些公司目前在支付账户、平台效应或金融场景上都有所欠缺，或发展不均衡。例如，平安互联网金融具有多点布局，包括支付账户和金融属性，但却缺乏足够的平台效应；百度和新浪虽然有较大平台，但其支付账户和金融属性相对薄弱；京东、苏宁和东方财富虽然具有三方面的条件，但却无一突出，综合效果远远不及阿里、腾讯。

因此，第二梯队的互联网金融行业目前整体还有所欠缺，但也有着充分的发展潜力。

无论是第一梯队还是第二梯队，互联网金融和垂直领域创业公司相互之间发生联系的途径越来越多，似乎许多垂直领域公司都找到了机会来利用互联网金融公司，然而冷静下来分析就会发现，虽然互联网金融为垂直领域提供了支付场景等便利，但垂直领域创业公司却等于将另一个“入口”授之于人。

例如，某家电销售网站在某金融APP的“银行卡”栏目中，加入了一个“买家电”入口，通过该入口可以完成购买和支付环节，短期内，A公司会因为该金融APP而获得销售额的增加，但与此同时，资金无法在自己手中获得沉淀、难以掌控现金流等问题也隐藏下来。

可想而知，如果一个垂直领域的互联网公司完全依靠互联网金融来实现引流、支付，那么带来的就并非机会，而是危机，任由这种危机发展，会让你的互联网垂直公司成为互联网金融公司的“打工者”。

来自互联网金融公司更加直接的危机，是目前市场上推出的零利率金融产品。

例如，著名的消费金融服务商捷信消费金融公司，就在2015年7月联合线下的北京迪信通商贸股份有限公司，向大学生客户推出了零利率信贷产品，学生可以在三款零费用产品中选择贷款进行手机消费，不需要支付任何利息，并可以实现6或8期的贷款。

事实上，这种类型的服务在互联网金融公司中已经很常见，京东白条能够保证顾客在先购物后付款的状态下，享受30天免息最高可达8000元的贷款服务，而阿里巴巴推出的“花呗”也是类似产品。

这些金融产品的推出，并非如同普通信贷业务那样从利息和手续费中获取利润，而是通过对支付手段的创新，来推动用户更加便捷地进入互联网金融公司打造的消费平台中，选择其中某一个垂直领域的产品和服务。

对于垂直领域创业类公司尤其是大宗消费品垂直领域创业类公司而言，互联网金融公司的确可能成为强大竞争对手，并生成危险，但垂直领域创业类公司并非没有取得“逆袭”的机会。

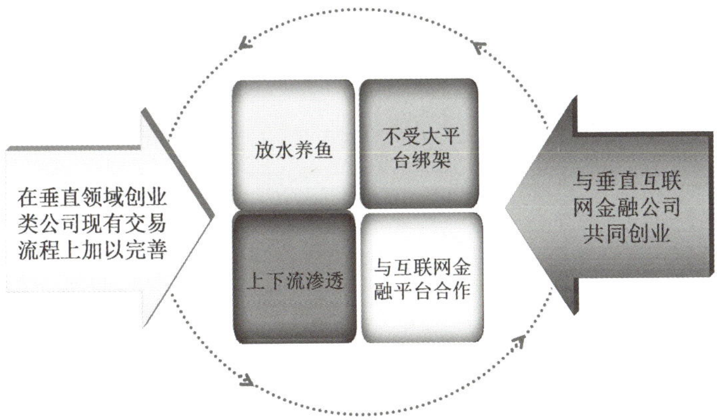

一、完善公司现有交易流程

垂直领域创业公司之所以会将现金流、用户流量等拱手相让，坐看互联网金融公司通过支付环节将之截留，关键问题还是没有仔细在交易封闭环上寻找到可以充分改善的节点。其实，创业者可以采用的方法有以下几种。

1.“放水养鱼”类方法

例如，某汽车社区类的垂直领域创业公司，和不少4S店铺做了团购活动，该公司通过不同的优惠和抵扣活动，将资金全部沉淀在自身交易平台上，然后再选择适当的贷款利率，将之提供给需要贷款资金的用户。由于该公司具有一套对用户信用进行评测考量的系统，操作起来又简单易行，因此放款很快，受到用户的青睐。通过这样的改善，该垂直领域创业公司帮助用户完成了贷款购车的手续和服务，这样，用户就停留在这家垂直领域创业公司所构建的支付场景中，无需通过其他互联网金融公司所提供的场景去完成贷款，也就不会产生其他问题。

在类似的案例中，垂直领域创业公司通过从B端获取资金沉淀，再提供给A端进行贷款消费，或者从A端获取资金沉淀，再提供给B端进行运营贷款。无论其具体形式如何，都是采用了“放水养鱼”的方式，确保了自身的用户数量。

2.“上下流渗透”方法

如果互联网垂直领域创业公司可以更进一步，那么对抗互联网金融公司的路径可以走得更远，你可以尝试对于行业内相关的有资金需要的人和机构，推出与领域相关的金融产品，这些资金完全能够形成你自身平台的资金池，并渗透到上下游环节中去，例如，生产、制造等上游环节，或者物流、售卖等下游环节。如此的方式，能够用资金链条更紧密地将相关端口的经营者同你捆绑在一起，并坚守阵地，摆脱互联网金融产品的影响。

举例而言，如果你的垂直领域创业公司涉及到建材家具经营、家居装修服务和家装需要三方面的业务，那么完全可以在三者之中发挥消化渠道和融资渠道的角色，将有出借需要和借款需要的双方结合在一起，并构建出丰富的金融生态圈和消费场景。而如果你的公司没有起到类似作用，无论是经营商、服务商还是消费者个人，就只能将现金流导入到公司以外的互联网金融平台上，例如“家装宝”、“理财宝”等进行出借，然后通过借款人产品如“家居贷”等进行放款，不仅让现金流远离你的公司，更有可能导致公司业绩受到影响。

二、与垂直互联网金融公司共同创业

面对互联网金融巨头林立的现状，互联网金融业在不断走向垂直化，垂直创业人有必要选择正确的角度去和这样的公司携手合作。

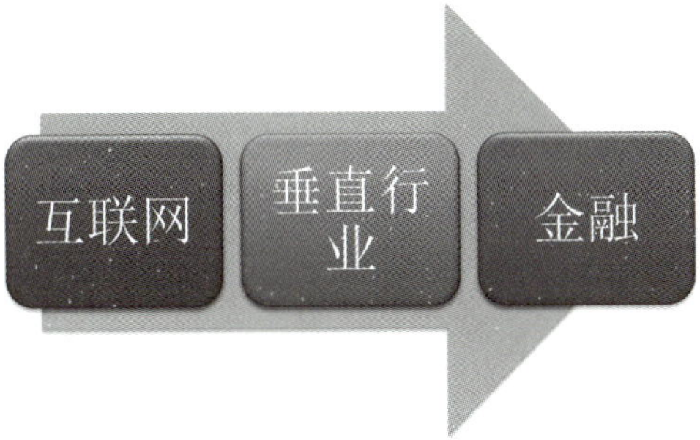

你可以采取“互联网＋垂直行业＋金融”的创新模式进行合作：将传统金融和互联网对接，是互联网金融的1.0模式；将垂直行业置入其中可谓是互联网金融的2.0模式，在这种模式中，用户就不只是单纯地获得交易体验，还能体验到众筹等多种形式，让原本单纯的消费者，变身成为垂直创业项目的参与者甚至众筹股权的持有者，同时解决了垂直行业和互联网金融业都需要解决的问题。

目前为止，在这方面做得最成功的案例当属火辣健身和甜菜金融之间的合作。

火辣健身作为健身类网络社区，既有线上的原创教学内容，也有线下的自营实体店，并在2015年7月正式和甜菜金融合作，不仅获得了更多融资，也引进了理财维度。两家公司通过互联网、健身和金融三方面内容的整合，将会形成一系列扩大合作，包括前期利用债权众筹融资形式的合作，中期开展股权众筹合作，后期通过更多创新推出新的合作方式等。

火辣健身和甜菜金融的合作，可以给垂直创业者新的启发。

1. 垂直创业者不应当被互联网金融的大平台“绑架”而掠走支付入口和用户流量；

2. 垂直领域创业者也应当学会利用互联网金融平台的融资能力，进行主动合作，不仅解决资金问题，而且还能够夯实用户基础、利用资金优势来为提供线下服务的健身教练创造更好的环境和工作场所，使得平台整体能够提供的健身体验和服务体验更好。

3.5 如果腾讯复制你的模式，你该怎么办

在风投界有这么一个现象，每个投资人在投资一个项目时首先就会问融资人一个问题：“如果腾讯复制你的模式，你该怎么办？”如果你答不上来，那么投资人就不会出钱。

我们不难发现，近年来似乎只要是互联网市场上有一款软件或者一个领域变得火爆，就一定会出现腾讯的身影，从对标迅雷的 QQ 旋风，到死磕 360 的腾讯安全卫士，再到拍拍和淘宝、财付通与支付宝、QQ 对战平台到浩方对战平台等。可以说腾讯的触角在互联网中伸向了四面八方，而在这一过程中，无数的互联网企业被腾讯抢占了用户，甚至因此关门破产也不在少数。腾讯的复制极为成功，把很多企业直接取而代之，逐渐成为了市场的龙头。

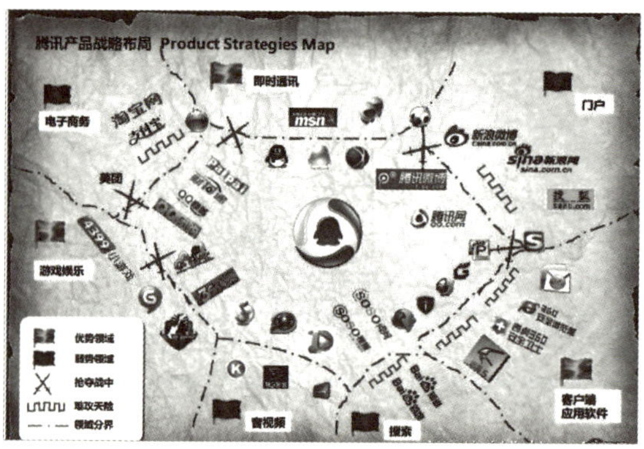

从最初的 QQ 取代 ICQ、到现在的微信取代米聊，再到游戏领域各种独占鳌头，腾讯的成功和能量可以说让很多创业者谈“鹅”色变。但是，腾讯的这种复制和扩张真的就无法阻挡吗？创业者如果有一个好的 idea 难道就只能眼睁睁看着自己的创意被他人拿走并且获得成功吗？答案是否定的。

腾讯虽然在很多领域复制成功，但是相应的，在很多领域，腾讯的战术也并不

奏效。最典型的例子就是拍拍和淘宝，当年腾讯花费重金打造了自己的网购平台拍拍网，利用 QQ 的流量不断引流，虽然在初期取得了一定的效果，但是随着时间的推移，用户们逐渐放弃了拍拍，转投淘宝，到如今拍拍已经直接交给了京东打理融合，腾讯基本上已经不再投放资源在拍拍上了。

除了网购平台之外，腾讯微博和新浪微博的战争也同样如此。当年腾讯不惜强制引流把 QQ 与空间两大社交龙头的用户导入腾讯微博，并且斥巨资邀请各界明星入驻，但是几年后依然败给了新浪微博。如今的腾讯微博已经是死粉遍地，并且随着腾讯在新浪开通了官方微博，也宣布腾讯承认了这次失败。

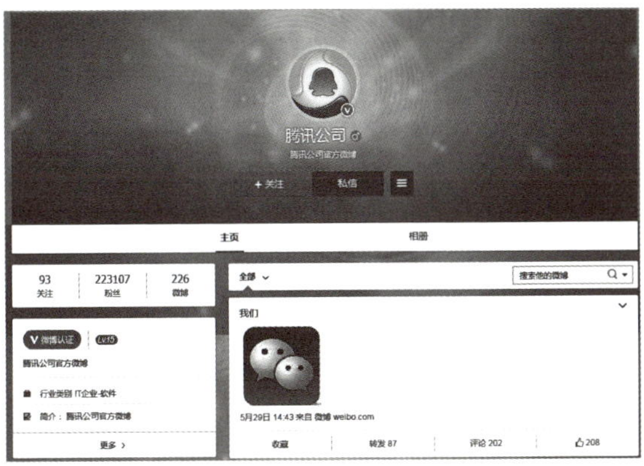

当然，或许有人会说，新浪与阿里都是大型互联网公司，能够顶住腾讯的进攻并不稀奇，而我们是创业公司，拼资金、拼技术、拼渠道都拼不过腾讯，我们又如何顶住腾讯的复制呢？其实，解决问题的办法只有一个，那就是把自己的产品做到极致的垂直。

纵观市场上那些被腾讯打败的企业，无非有两个败因：一个是产品太过于倾向技术性，复制成本过低，让腾讯轻而易举就复制成功（如游戏）；另一个则是缺乏用户黏性，腾讯只要从 QQ 一导流，大家纷纷觉得用 QQ 会更方便，所以立刻倒向腾讯的怀抱（如偷菜类游戏）。想想当年的开心网是如何火爆起来的，是靠偷菜。但是腾讯只是在 QQ 空间加上了 QQ 农场的功能，开心网的用户立刻开始流失，导致到现在几乎濒临破产。

因此，我们如果想要避免被腾讯复制和干掉，就要学会做“真正的产品”学会不正面抗争。

1. 学会做真正的产品

现如今，很多创业团队陷入了一个误区，那就是把某项功能当作某个产品来做。当年的团购就是最好的例子，团购的模式其实很简单，无非是和商家谈下一个很低的价格然后线上通过优惠吸引消费者，最后让消费者集中去某个店中消费。这样商家可以做到薄利多销，团购网站也可以获得丰厚的利润。但是，这种模式太容易复制了，结果就出现了著名的“百团大战”。大家纷纷开始抢资源。在经过一番混战后，市场上存活下来的知名度高一些的就只剩下大众点评、美团和百度糯米等，当年的各种本地团购都已经解散的解散、转型的转型，再也看不到了。

存活下来的三家知名团购网站中，大众点评的优势在于有大量真实可信的美食评价和推荐，这就是我们上文所说的用户黏性，而从“大众点评”这个名字我们也可以看出，这家团购网站专注的是“点评”而并非团购，这就使得不管其他团购网站如何与他竞争，也缺少他的这种美食点评和寻找的独特氛围。

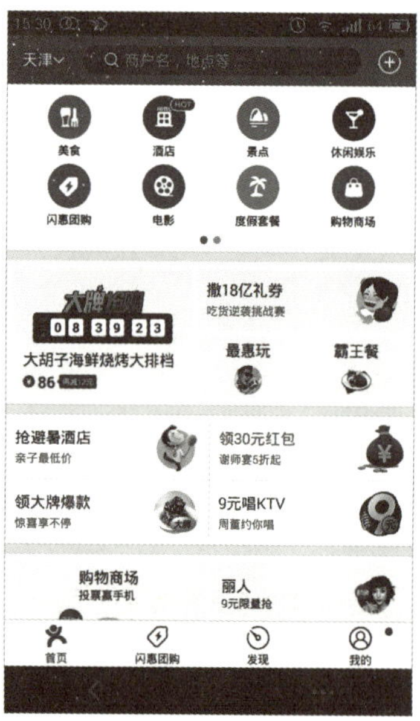

而美团之所以能够异军突起，是因为其“农村包围城市”的战略选择，当其他团购网站在北上广深等一线城市拼得头破血流的时候，他率先来到三线城市。当团购大战快落幕的时候，人们发现，原来美团早已经占据了团购的半壁江山，这就是

其产品的垂直领域“致力于为三线城市服务”，结果培养了一大批三线城市忠实用户。

至于百度糯米，则是靠强大的线下团队来造就奇迹。在很多线下店里，你都可以看到百度糯米的广告，而且在各大 CBD 商业中心，也经常会有百度糯米的推广员给你发传单，告知你四周有哪些店可以用百度糯米团购，并且能够省下多少钱，而且新用户还有减半的优惠，例如，平时 50 元的自助餐新用户只需要 25 元就可以享受。大量现金减免加上地推的效果成就了百度糯米。

百度糯米
nuomi.com
省钱更省心

点评、垂直于三线城市、把地推做到极致，这就是如今三家团购巨头的产品属性。而这也才是他们真正的产品。团购，只是浮于表面的一个功能，真正吸引人的依旧是靠他们的这三个产品特性。而这，才是真正的产品属性。

真正的产品，应该是有从一个入口到另一个入口的解决方案的，例如大众点评从寻找美食，到发现美食，到团购美食最后再到点评美食、分享美食，这就是一个完整的解决方案。

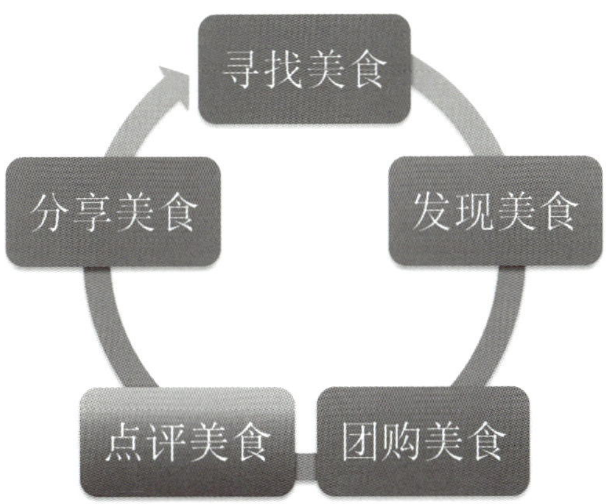

真正的产品应该有自己的价值，你应该能够从中获得有价值的内容，腾讯微博之所以打不倒新浪微博并非因为它的用户基数不够，而是因为它的价值不够。拍拍也是同理，并非是它的买家不够多，而是它提供的商品种类和服务比不上淘宝。所以，一个产品产生了价值，才能叫作真正的产品，想好我们自己的价值在哪，再去创业，就一定不怕他人的抄袭和复制。

2. 学会不正面抗争

再大的巨头也不可能100%地占领市场，即使是腾讯在即时通信领域如此强大，也依然有 YY、陌陌的存在。

所以，学会夹缝中求生存，找到巨头忽视的领域，是我们避免被干掉的一个好办法。就像 YY，腾讯做即时通讯时，YY 就做主打语音即时通信，并且不断优化语音通话的质量，服务好用户，于是就拥有了自己的一片市场。虽然微信已经是移动端社交的王者，但是陌陌主打兴趣社交也依然让自己站住了脚。所以说，我们面对巨头并不是毫无机会，只要找对市场，把自己沉淀下去，找到真正属于自己的领域，并且能够抓住市场空白，再加上产品的价值属性，那么即使是面对腾讯，我们也无需害怕。

Part 4

全球化不能通行全球
——垂直创业之行业垂直化

4.1 选择最肥的行业，深挖下去

互联网的高速发展不断阐述这样的事实：没有任何情况是亘古不变的，那些原本被人们认为不会因为时间推移而改变的传统行业，正在这样的时代被互联网不断冲击、占领、代替甚至淘汰。尤其是进入移动互联网时代，更是不断有胜利者出现，同时也有失败者黯然退场。面临如此更替交接的局面，创业者需要的不仅仅是一腔热血，还要学会选择那些能够积极适应互联网的传统行业，选择那些最肥的行业进行垂直创业。只有方向正确，你的努力才能获得成效。

想要垂直创业成功，必须要具备天时、地利、人和三大成功要素。所谓天时，是指投资人是否能及时出现并看中你的项目；而所谓地利，就是指你是否能够对某个垂直行业充分了解并判断清楚其中的创业可能；所谓人和，就是你自己是否能组建出一个对垂直行业相当在行、对互联网创业具有高度热情的团队。

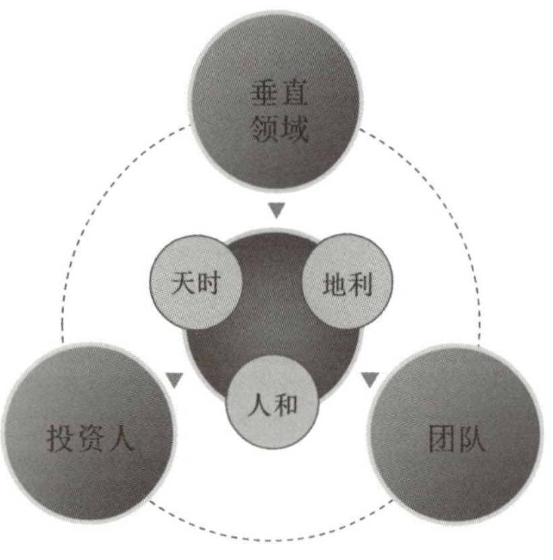

以此来看，我们可以发现，在餐饮、洗衣、美甲、地产、汽车、家政、代驾、律师等行业中，各路英雄已经纷纷捷足先登，打造出属于各自的垂直领域创业王国，但这并不代表垂直行业领域已经被瓜分完毕，它依然有很多饱含着消费者痛点，同时饱含创业者利润点的传统行业，等待我们去进入并革新。

500万彩票网的垂直创业，正是抓住了挑选行业的“地利”而得以成功的。彩票销售原本只是个很普通而传统的生意，在超市旁一个并不起眼的小门店，亦或是随处可见的报刊亭，都可以是彩票的出售点，算不上什么大行业。然而，500万彩票网创始人罗昭行发现了这一行业中的潜力。他发现，如果将彩票放到网络平台上去卖，那么用户只需要打开电脑，登录自己的网站就可以实现购买并等待开奖。

经过创业之后的资源整合，最终，500 万彩票网形成这样的商业逻辑：在线上提供彩票咨询和数据信息，吸引用户访问网站——为用户提供迅速、方便的网络彩票购买服务，并从各省体彩中心获取佣金——以合买、跟单、追号等多元化购彩方式，提高用户购彩中奖率，增强娱乐性——开发信息平台、分析工具，帮助用户提升购买决策——组建用户个人中心、社交论坛等，加强用户的互动感和参与感，形成社交氛围。

其实，创始人罗昭行并不是一位普通的创业者，他很早就选择下海创业，在纺织品、进出口报关、医药代表、环保工程甚至仓库管理员的职位上打拼过。后来，他还创办了“生物引擎”网站，并试图在生物产品原材料网络超市这一细分行业中做出一番事业。之所以选择这一行业，源自于罗昭行在武汉大学所学的生物专业。这个网站获得了 IDG50 万美元的投资，但不久之后，网站就经营不下去了，50 万美元的投资在两年内几乎花光。罗昭行终于发现，自己所学的专业行业并不适合垂直创业，没有所谓的“地利”，而互联网彩票行业才是自己可以占领的新高地。

如果罗昭行不是选择了具有足够特点的互联网彩票行业来进行垂直创业，或许直到今天他依然还在摸索前行，因为没有准确的行业作为“地利”，他就难以组建起优秀的团队并得到充沛的投资。同样的道理，还包括房产行业、家居行业、汽车行业、婚庆行业、旅游行业、陪练行业、家教行业和按摩行业等。这些行业，垂直创业的风口强劲，表现为性价比高企，即虽然是同样为一个客户付出相同的成本，但收入却相差很大。

不过，仅仅有经验是不够的，掌握理论更不是创业者们需要做到的最终目标，你必须要找到最理性的行业选择标准。这样的标准一言以蔽之：找到最肥的行业，在互联网维度将之深入做下去，而其中的具体内容包括如下 4 点。

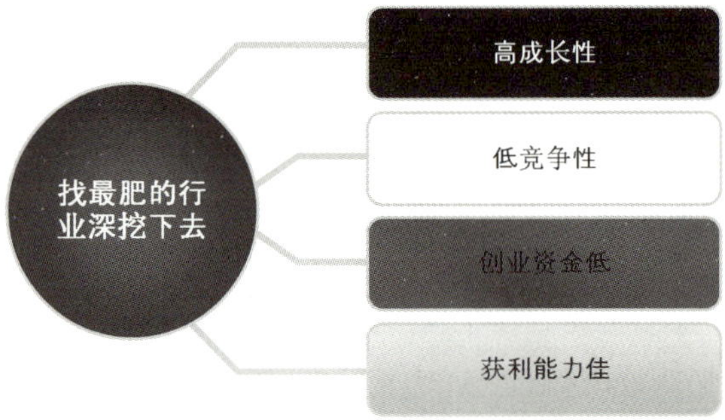

一、高成长性

在选择一个行业进行互联网垂直创业之前，你必须要清楚判断这个行业是不是有相对比较美好的发展前景，是否具备高成长性，究竟是朝阳行业还是夕阳行业。而判断行业成长性高低的基本指标在于以下几点。

是否具有较大的潜在市场空间。例如，该行业的产品究竟有多大的使用范围，能产生怎样的衍生价值，能够满足多大数字级别的用户数量，能够覆盖多大地域的市场等。此外，产品潜在市场空间的指向性还应该明确，能够具体观察和衡量，最好可以量化而并非依靠个人“感觉”。

推动该行业成长的因素是否能够持续存在。对于这一点，并没有什么始终如一的分析，也并不需要过分关注其中的复杂分析思路和模式，倒是可以使用一些简单的经济常识，就能够推断出最接近真实的答案。例如，和婴幼儿有关的本地行业，自然最需要关注的就是本地人口增长率和育龄人群平均收入这两大数字，而和汽车美容有关的本地行业，则需要关注本地居民家庭保有的汽车数量等。

大格局下的经济政策和背景发展状况，也能够帮助我们做出判断。在上述两大方法的基础上，了解经济整体发展更加基本更加整体的信息，包括国内外各行业发展历史等，也能够帮助我们更好地评价行业的增长性。

例如，从日本、韩国等国家的轿车市场发展情况来看，当千人轿车保有量达到60辆时，轿车内需的增速开始有所下降，而千人保有量达到100辆时，增速就会迅速下降。这样的历史经验，值得目前和轿车市场有关的垂直创业者参考。

二、低竞争性

不论哪个行业，其中的企业都有不断将自身格局做大做强的本能，但某些行业内部竞争作用力大，竞争激烈，平均利润就会低下，导致企业亏损破产；反之，那些竞争性低的行业，竞争作用力越小，企业利润就越高。毋庸置疑，垂直创业者理应选择那些低竞争性的行业深入挖掘，获得提升。

下面是低竞争性行业的结构特点。

1. 进入壁垒较高

无论是行业内现有企业的扩张，还是行业外新企业的进入，都面临着壁垒。垂直创业者要进入的行业，应当有较高的进入壁垒，包括以下几点。

（1）垄断，如自然垄断（地理位置、原材料），政府垄断（准入制度、特许经营），知识产权垄断（专利、专有技术）等。

（2）差异化。一个行业内的企业能够通过质量提升、研发、广告等，将本行业的产品或者服务和其他企业同样功能的产品和服务加以严格区分。

（3）规模经济效益。行业内现有企业已经能利用自身规模特点形成单个产品或服务的低成本，这样，新进入的企业减少，行业竞争减少。

（4）资金，包括进入资金和经营资金。目前低竞争性行业都有一定的优势，如企业能够做到以租代售或零利息贷款等。

（5）转化成本。行业中的产品或服务已经成为用户习惯，对用户来说，改用其他行业的产品或服务是难以承受的。

（6）销售渠道。行业中的大企业已经通过投资、参股或者控股关系控制住下游企业供应，或者通过一条龙产业链等，已经把持了销售渠道，这样，新进入的企业销售产品或服务的成功可能性就降低了。

当然，进入壁垒较高，一方面是行业低竞争性的表现，另一方面，又加大了垂直创业者进入行业的成本，对此，垂直创业者需要谨慎全面对待。

2. 行业内竞争较低

某些行业内部的竞争并不激烈，似乎显得比较温和，而另一些行业则总是竞争得你死我活。垂直行业创业者应该挑选那些行业内竞争较低的领域进入，因为这样的行业往往具有利于互联网创业的竞争结构。

哪些方面是这种良好竞争结构的表现

（1）集中度。行业内集中度较高，意味着行业资源集中，同行业竞争作用力相对弱，利于“互联网＋”模式的加入。

（2）同质化。通常来说，行业内各企业产品或服务的同质化，说明其商业模式同质化特点较强，彼此之间竞争激烈，不利于互联网垂直创业。反之，同质化较低的行业，内部行业结构良好，不同企业拥有自身的竞争优势，而垂直创业者也能进入这些优势中足够的“空白”区域，对自身的市场加以差异化定位，形成错位竞争。

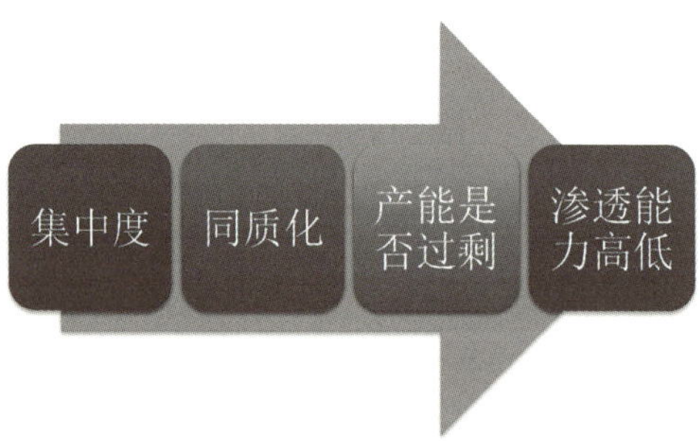

（3）产能是否过剩。如果行业整体的生产或服务的能力目前远远大于需求，显然市场消化过剩产能的时间就会变长，竞争也就加剧。反之，则利于垂直创业的成功。

（4）行业向外的渗透能力高低。行业技术不断创新和产品服务的功能不断加大之后，整个行业具有更高向外渗透的能力，则对外的竞争结构就好，也利于垂直创业时同互联网的结合。

三、创业资金低

硅谷著名创业者、投资人Semil Shah写道："一家刚刚起步创业的互联网公司，所能够遭遇的最大风险，就是耗尽手头的资金。"的确，企业摆脱资金危机是很困难的，尤其是刚刚创业的垂直领域企业，想要将这样的风险防患于未然，就应该尽量选择那些对创业资金要求不高的行业。

然而，创业资金究竟多少才合适是很难判定的，即使是同一个垂直领域的互联网项目，资金就有可能从数万到数十万、数百万，具体到不同的行业则更是千差万别。或许你对其中某些行业有大概了解，但肤浅的估算是不够的。想要找到真正创业资金低的行业，通过下面的了解方法，你可以估算出创业启动资金的高低：

1. 通过同行

你可以找到经营类似业务的企业，并从他们那里得出创业初期所需资金的具体信息。当然，竞争对手是不会帮助你的，但你完全可以通过其他地域的同行，进而获得相应信息。

2. 通过供应商来源

供应商也是很好的成本信息来源，你甚至可以直接给目标行业的供应商打电话，向他们表示你打算创业，所以想了解该行业的启动资金情况。通常情况下，他们都会很乐意提供帮助，毕竟他们也不想放过从你身上可能获得的生意机会。不过，向供应商提问的具体内容很重要，包括设备租赁、大量购买折扣范围、信用条件、库存量要求以及任何可以降低创业成本的选择，都是你提问的重要内容。

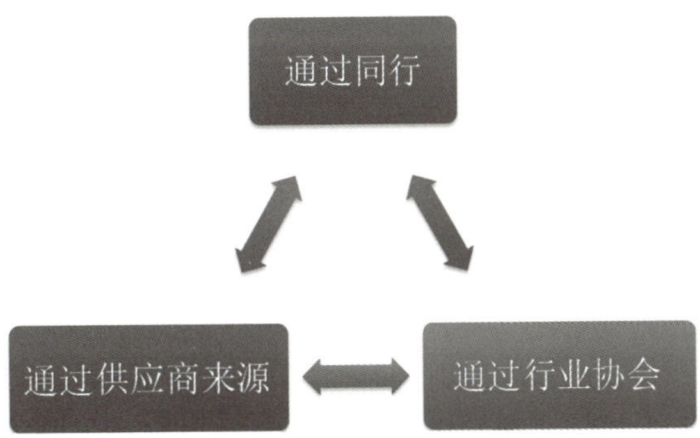

3. 通过行业协会

通过行业协会，你能够获取一些启动资金的提醒，包括财务报表样本、行业内相关企业家、企业的名单、市场调研数据和其他有益信息。

四、获利能力佳

根据国家税务总局的最新相关数据测算，目前获利能力最强的行业包括下面几类。

金融行业。最赚钱的公司中，前 10% 都是金融机构。

医疗、药品和保健品行业。整个行业净利润平均增幅高达 28% 以上。

IT 等高新技术行业。以争夺核心技术为目标的企业并购正在 IT 业界发生，而移动互联网行业尤其成为其中获利最大者。

建筑装饰行业。2014 年中期，整个行业内共有 40 家大公司的净利润实现上升，占行业内的 65% 以上。

汽车行业。汽车销售业务目前仍然是汽车经销商最主要的收入来源，除此之外，售后服务等业务还能够为汽车行业带来更大的盈利。

新农业农村行业。目前，农业经济领域还有较多空白部分，有着巨大的市场开发空间，而新进入该行业的企业以“公司、农户和市场”结合的方法，将种植、生产和销售形成一体，利润丰厚。

当然，仅仅了解公开的数据还不足以支撑你对某个行业完成利润评价分析，既然针对某个行业，就应该了解其中具体的企业表现，否则就很难称之为真正了解行业。例如，你应该使用好具体企业的财报，对之稍加分析，就能了解企业的利润水平。当然，还有其他数据也同样可以对整个行业利润进行了解和推断。以某产品零售业为例，你可以对本地区下列情况进行了解：去年本地区共开设多少家和该产品有关的店面，销售额增长是多少，店均销售额的增长是多少。这些数字能解答很多关于行业利润的问题。

此外，其他数据如产品的库存数量和运行周期、网站的点击数量和黏性用户数量等，也可以体现出行业利润，并用来进行评价。

4.2 保险行业的失地

保险行业拥有数百年历史，直到今天依然不减其旺盛的生命力。而互联网保险恰好弥补了整个行业的失地，并成为垂直企业争抢的创业领域。

如果按照常规思路，有资格做“互联网＋保险”的企业，当属传统保险公司无疑，因为这些公司具备天然的优势和实力，成为新市场的接管者。然而，去中介化的垂直创业方向用现实击碎了这种想象，并带给人们更大的创业思路。其中，驴妈妈旅游网所做出的创新令人瞩目。

正如驴妈妈旅游网 CEO 王小松所指出，旅游和保险本身都已经是很成熟的垂直产业，单个所拥有的市场都包含了近万亿的消费空间，然而，互联网保险的投保率到目前为止还不及 0.9%，远远低于旅游的互联网消费。因此，驴妈妈果断涉足这一行业，创新开发险种。例如，在驴妈妈旅游网定做高端旅游时，曾经有用户提出，希望能够对自己的摄影器材进行投保。驴妈妈旅游网顺水推舟，马上去和作为 B 端的保险公司洽谈共同开发项目，不仅满足了用户需求，同时也带给同属 B 端的景区以利益。例如门票意外险，一旦顾客选择购买，在旅程中发生任何意外，都由驴妈妈旅游网来进行赔偿，这样，景区也规避了自身责任。

类似的创新在众安在线财险这一平台上也有体现，该网站同样采用跨界方式，让之前和保险有关的空白领域得以开发。例如，在轮胎上加以编码，让用户直接扫码自助完成理赔流程。这种方式是众安在线财险同汽车生产厂商进行的合作，从而避免了保险的中介，在传统保险业界是很难做到的。

2014 年，长安责任保险股份有限公司正式推出了“爱情保险”产品。这款产品针对热恋情侣或已婚夫妻，投保内容包括重大疾病和婚姻津贴。投保时双方需有一人为被保险人，另一人为心上人，在缴纳 520 元保费后，被保险人可以连续 5 年享有重大疾病保险，而在第 5 年保险期届满之后，被保险人就可以凭借和心上人的结婚证明领取婚姻津贴，其寓意自然是祝福有情人爱意长久、幸福安康。

这一产品在市场上获得了很好的反响。2015 年，“爱情保险”更是实现全流程的网络垂直营销，由用户通过微信购买后，公司出具电子保单，到期后，用户上传结婚凭证图片，即可领取婚姻津贴。

这一产品的成功，更说明新型保险产品会进一步出现在未来的互联网营销平台上，而其共同的特点在于利用垂直角度去深度挖掘用户需求，结合顾客的需求提供产品。实际上，互联网时代，满足用户的个性化需求是保险业所面临的新挑战，而根据产品的心态来收集、设计、定价以及提供承保、理赔等一系列服务的网络营销平台，探索垂直行业的互联网保险商业模式，正是未来保险业的未来发展方向。

当然，包括上述这些产品在内的互联网保险产品试水，距离真正的垂直创业成功还有一段距离。无论从全流程来看，还是契合特定人群的需求来看，保险行业的互联网垂直创业，依然需要进一步提升，其中最关键之处，在于用户痛点和痒点缺一不可。

用户痛点，在今天的互联网创业中已经不是什么新鲜概念。抓住痛点，意味着选对了行业的切入点，能够积极地满足行业中用户的需要。然而，抓住用户痒点，则是通过一个个新颖概念，通过繁杂的整合和令人心动的运营特点，支撑起对整个行业能提供极大消费能力的用户群体。

保险业的互联网垂直创业，应该从以下几方面去重视用户痒点：

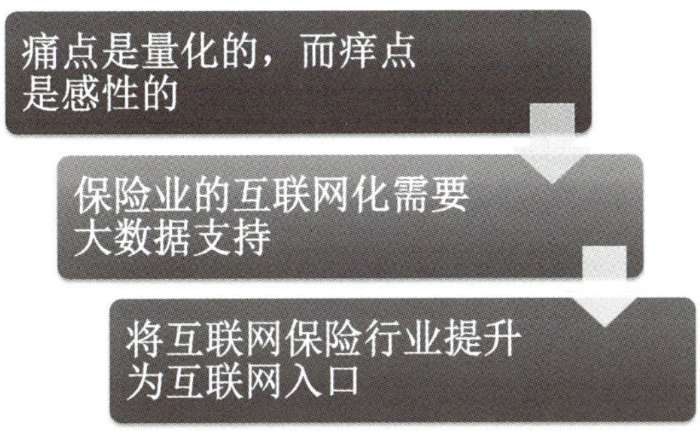

一、痛点是量化的，而痒点是感性的

对用户痛点的满足，是指垂直产品能够满足的量化需求，比如，传统保险业提供赔偿金额、保险价格、保险期限等，这些都是数字指标。而互联网保险产品除此之外，还需要让用户感受到量化逻辑之外的愉悦感和新奇感，包括“爱情保险”“摄影器材保险”等，虽然本质和传统保险产品并没有多少区别，但却能给用户以足够的吸引力，并满足用户的情感需要。

为此，垂直化的互联网保险产品，就不能只是在过去的藩篱中徘徊，仅仅满足于提供数字上的价值，而是应该给用户展示创新的一面，利用互联网的传播和运转，让他们意识到产品的不同。

二、保险业的互联网化需要大数据支持

在传统的互联网行业中，需要有大量的线下网点和营销团队布局，而互联网化的保险业并不应该依靠线下来发展，反而需要将营销和理赔的流程在线上加以完成，并确保用户的体验，这样的商业模式在整个行业历史上是前所未有。

为了实现这样的革新，互联网保险创业企业，应该将大部分日常业务通过计算机系统实现，着重于进行系统开发能力的提升，利用系统对接的方式来获取数据，再围绕大量的数据来实现自动理赔、优化体验等。而对于那些需要线下配合的业务，完全可以选择用外包形式来进行。

在搜集数据时，互联网保险业创业者应该抓住数据源头的变化。在传统业务中，数据仅仅来自于公司自身对行业的搜集，而在互联网创业过程中，你还应该侧重于从合作方、股东方乃至互联网第三方的社交数据、行为数据来进行搜集和分析，即从某种社会现象中挖掘出背后的数据结构，并充分运用创业者的想象力和逻辑思维，将数据结构加以整合，形成新的商业模式，就能够创造出新的营销机会。

例如，之前的保险产品定价依据来自于保险体系，而互联网保险行业则需要和众多数据团队合作，当产品研发部门看中某种产品后，可以提出需要数据的方向，再由各业务部门进行配合整理，作为定价依据。

三、将互联网保险行业提升为互联网入口

想要成功实现在互联网保险行业中创业，还应该考虑将保险产品开发成为一种入口，具体方法就是通过高性价比的保险产品，将用户吸引进来，然后再将巨大的用户流量提供给其他传统行业。

例如，意时网所推出的手机碎屏险，几乎可以用免费的方式提供给用户，当用户手机屏碎了之后，就能够直接获得200元的补偿，但实际上，意时网可以通过将用户流量提供给维修服务商来获得收入分成。

除了上述方式之外，互联网保险行业还能通过对大量用户消费行为的记录，形成数据流量，其中包含各行各业的情况记录，这些数据也能促成新的保险产品的设计，确保保险产品真正回归到保护用户的本质上。

4.3 智能家居创造最贵的需求

智能家居，并不是一个新鲜时尚的概念，早在二十多年前，比尔·盖茨提出的智慧家庭、智能住宅，所指向的正是今天的智能家居行业。

所谓智能家居，是指在家居平台物联网化的基础上，通过计算机技术、自动技术和通讯技术，将家居中的不同设备连接在一起，同时能够协调统一管理，最终为用户提供更加便捷、安全和舒适、环保的生活环境。

但是，在长达数十年的社会发展之后，智能家居行业在国内外始终没有取得进步，反而越来越像虚无缥缈的概念。从近年来国内用户的体验分析，市面上并没有标准化、系统化的产品，而网上搜索智能家居的产品或方案，也大都只是安防监控、远程控制、窗帘灯光控制、楼宇对讲等产品而已，用户对产品品牌和品质并不熟悉……其实，这样的情况是注定的，因为原本充满科技感、建立在物联网基础上的智能家居，如果只是一味按照传统行业的模式去营销，很难取得突破性的创业成功。

随着互联网垂直创业的浪潮，智能家居企业正在展现出崭新的状态，而该行业的最大变化首先出现在家居单品的智能化。2014 年，海尔不仅继续推进大家电智能化，还在小家电上进行内部垂直创业，推出智能投影、智能路由器、空气盒子、醛知道等系列产品，不仅如此，海尔还搭建了 U+ 平台作为大量第三方产品的垂直首发平台，包括 GE 智慧照明、Powertech 智能插座、Picooc 智能体脂仪等，总共有 40 多家合作企业，首发平台本身也体现出相当的规模。

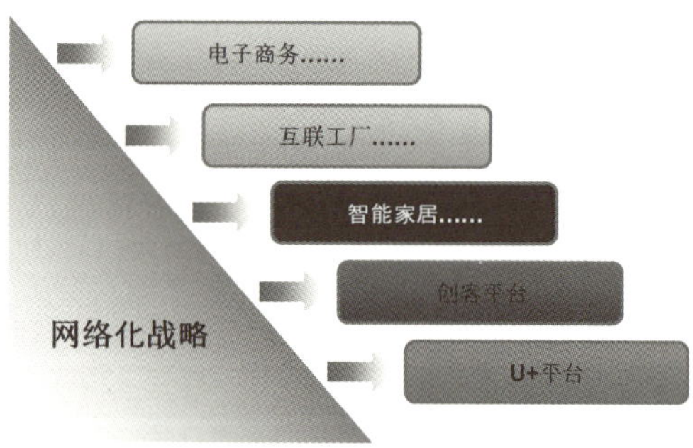

从上述案例能够看出，选择智能家居单品来打入这一垂直行业，可以选择如下的角度。

一、选择使用频率高、用户关注度强的产品

企业如果想通过智能化单品的研发、营销进入这一行业市场，可以通过挑选使用频率高、用户关注度强的家电来进行。这类家电包括电视、电灯、空调，其次是冰箱、洗衣机和净化器、摄像头等。由于这些产品在用户日常家庭生活中扮演着相对重要的角色，本身更新换代速度也较快，一旦加以智能化并针对特定人群推出，就能够很快吸引到用户的注意，并促使他们持续关注这些产品的品牌，最终实现创业成功。

二、选择入口产品

所谓入口产品，是指可以通过该产品链接进入整个家居智能系统的产品。未来趋势下，智能家居产品会越来越多，但用户需要有具体的入口来对这些产品进行管理。例如，有的创业公司选择手机作为入口，也有的公司选择手环作为身份识别装置，当家中智能产品和手机、手环连接之后，就能轻松启动，加强智能家居带来的统一操控感。

下面是挑选入口产品进行开发的重要原则。

1. 入口产品和单品的结合

未来智能家居产品会不断增多，但对用户来说，某些产品是强需求，某些产品是弱需求，只有将入口产品和强需求的单品紧密结合，实现功能的捆绑协调，才能让用户更好地接受入口产品。

2. 入口产品使用区域选择

在设计入口产品的切入点时，你应该考虑入口产品的使用情境，例如产品应该放在哪里使用，因为如果将入口放在用户需求最强烈的区域入手，效果往往更为明显。正因如此，客厅、卧室和厨房将是垂直创业者开发智能家居入口产品的较好区域选择。

如果说打造单品是“小而美”的创业方向，那么打造垂直平台则是“大而全”的战略方向。目前已经在智能家居平台上具有代表性的企业包括下面几家。

1. 传统优势型企业，如苹果、谷歌，这些企业具有自主专用设备、系统和平台，因此能够不断推出符合自身系统特点的家电产品如 iWatch、iTv 等，通过其自主专有标准，将终端和家电产品有效连接，形成智能家居最大功效。

2. 腾讯利用微信作为平台，并赋予家具设备中不同产品以不同的唯一 ID，这样就能够实现在微信公众平台和硬件平台上推出插座、手环、空调、电视等智能设备和门磁等家具设备。未来，微信平台还有可能实现设备的远程控制和协作，营造出社交属性的圈子，给消费者带来更好的情感满足。

3. 传统家电企业如三星和海尔，通过诸如 SmartHome 和智慧家庭、U+ 等，形成良好的智能家居生态系统，并为大量第三方产品提供了跨品牌和品类的互联互通，使得数据和资源得以全部共享。

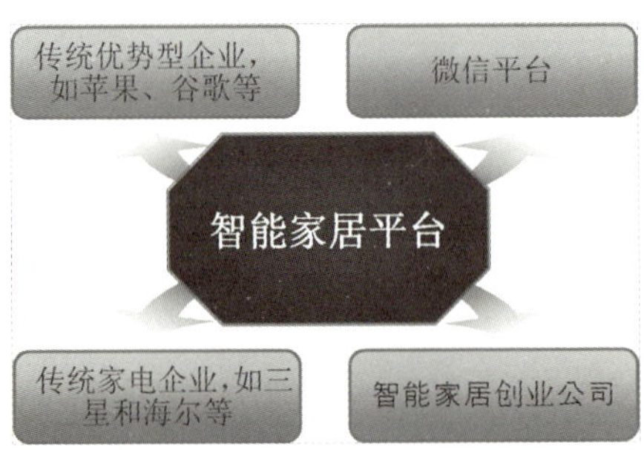

4. 智能家居创业公司。在创业公司中，打造垂直首发平台较为典型的成功例子是 BroadLink。这是一家创业公司，他们原本只是出售智能插座这一单品，但不久后却开始为各大企业提供智能家居的平台，该创业公司将 Wi-Fi 模块作为支撑平台的业务来进行开发，设计出 BroadLink DNA 解决方案，总共有 80 多家家电企业选择采用这一 Wi-Fi 模块，其中包括万和、海信、老板、志高、格兰仕、苏泊尔、奔腾、联想等知名企业，BroadLink 也由此得以进入大家电的智能家居市场。

不过，打造垂直的智能化家居平台，应该具有各种类完善的智能化单品，同时相互之间能够实现跨品牌、跨品类互动。对创业者而言，这就并非简单地让产品能在同一个平台上发布，也不是依靠自我的标准来运行，而是可以将你与合作者的产品在同一个平台上发布和运营，遵循同样的法则，即便其中小部分产品拥有自身独立的平台，也应该可以无缝对接到你的平台上。

这样的现实目标，对智能家居创业企业提出了如下要求。

1. 围绕智能家居单品进行垂直创业的企业，并不一定必须将自己的产品标准通过竞争提升成为“主流”，相反，你应当多考虑自我产品的标准是否适合现有的首发平台，是否能够嫁接到未来的技术运行平台。

2. 用首发平台和运行平台来进行增值服务营销。例如，电视、电视盒、路由器、音箱、冰箱、视频监控等，这些产品可以通过付费得到更多内容、更快网速或者更加高级的功能，但与此相比，其他单纯硬件的家电产品如电灯、插座、空调、净化器等，主要利润来源于硬件本身。正因为如此，创业者更应该加强对能提供增值服务的产品进行开发和营销，否则很容易被现有垂直网站的巨头利用直接补贴硬件的方式压制和淘汰。

3. 在你的首发平台上多发放增量性质的智能家居产品，而非存量性质的。

4. 存量性质的智能家居产品，主要以更新换代为主，增量性质的单品则注重用户体验。例如，增量市场上，消费者在购买或装修房屋时，会一次性将智能家居布置好，涉及的包括电视、音响、灯光、监控、暖通等几乎所有电子设备，这就需要你的平台不仅在线上足够给力，还要着重在线下建立智能家居体验中心，形成整套施工方案，能够迅速规模化复制，这样才能建立更大的市场规模。

4.4 二手车市场的权威影响力

在传统的国内二手车市场中，经销商（简称B）依然掌握着二手车产品的定价权，而在垂直浪潮兴起之前，C2B 和 B2B 构成了二手车电商的主流模式。然而，随着信息垂直等领域企业的发力，互联网二手车市场表现出要将“B”去除，直接呈现 C2C 模式的发展方向。

从 2014 年年底至今，二手车市场成为互联网垂直行业创业的焦点。这一轮热潮最先开始于国外的 Beepi 网站。在稍后的 2014 年 7 月，好车无忧、人人车也正式上线。12 月初，赶集网也开始对这一垂直领域进行内部创业，准备投入 1 亿美元做大“赶集好车”项目。一时间，二手车交易行业在互联网上的战火不断蔓延。

其中，好车无忧创造的商业模式具有典型代表性。好车无忧模式包括上门质检、无店铺交易和售后质保三大环节，其中，上门质检环节由车主在线上提出出售要求，由平台派出专门的评估师，携带专业设备上门对车况进行检验，并给出检验结果、建议售价。在整个车况信息采集结束之后，将车辆信息在好车无忧平台上挂出，进行销售。当买家看到中意的二手车之后，就可以直接通过好车无忧的平台，和车主取得联系，预约进行实地验车。验车全程都是由好车无忧的评估师陪同的，并提供专门的支持。车主和买家之间也可以进行议价，并自主决定是否完成交易。

值得注意的是，好车无忧在二手车垂直创业项目中，表现出不同于一般交易平台的特点。

1. 平台对车况有准入门槛，包括 3 个月内有过户记录的车、泡水车和事故车以及非个人车源，都会被严格排除在外。

2. 平台会对交易状况进行实时推送，可以帮助车主即时了解交易进展情况，例如每天有几人对车辆提出电话咨询、几人提出联系要看车等。

3. 平台有强大的估价能力，依靠二手车历史交易数据（包括从网上其他交易平台上抓取的交易数据、平台自身得出的交易数据），并依靠数据系统给出价格范围，这样的价格虽然是建议价，但往往相当科学公允并符合实际情况。

4. 平台对整个交易进行担保和售后追踪，充分打造了闭环服务。在买家完成车辆过户之前，平台为车主做资金的托管，并以自身信用来保障双方交易的成功。

5. 由于没有中介的实体店铺，节约下的运营成本分别让给买卖双方，平台只收取 3% 的服务费用，车主或买家能够获得 8% 左右的让利。

总之，好车无忧的垂直创业之所以起步较为顺利，在于紧紧抓住了 C2C 模式的要点，即对中间环节加以压缩，使得买家和卖家的距离更近，交易成本更低。其中，专业而中立的检验服务、定价服务，可靠的担保交易等，都是 C2C 模式的精髓所在。

好车无忧的模式给了二手车垂直领域创业者以启发，在相关方面的未来创业中，他们有必要清楚地认识到下面这些事实。

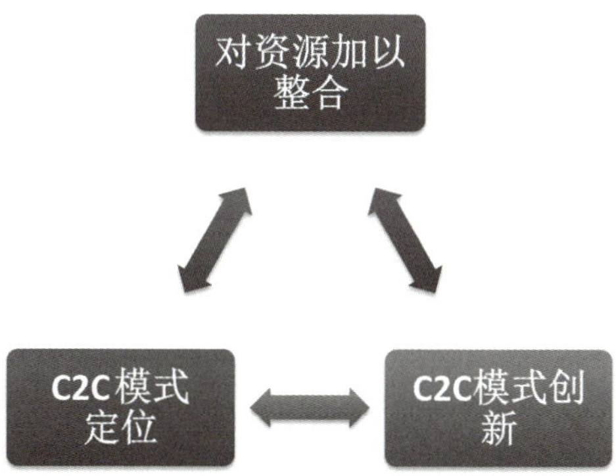

一、信息垂直领域企业需要对资源加以整合，对模式加以调整

信息类的垂直门户网站，在二手车 C2C 交易中，具有不少优势，例如，有大量数据信息可以参考、有大量流量可以引导、可以直接进行线上线下的对接模式等。然而，由于信息类垂直网站并不完全符合二手车交易流程所需要的特点，需要加以下列调整。

1. 加强评估监测

二手车交易不可能只是简单地完成线上提供信息和线下完成交易的过程，其中最重要一个环节是二手车评估。信息类垂直网站需要加强对评估团队的建立和管理，注重对评估标准的完善和执行，这样才能确保客户清晰客观地看到二手车的情况。

2. 做好售后服务

帮助客户选到车之后，更重要的是能够提供良好的售后服务，信息类垂直网站应该确保及时跟进，对购买二手车用户进行随时回访，确保他们能够正常使用车辆。

3. 对信息进行一定程度的筛选，保障双方权益

由于信息类垂直网站获得的二手车信息量数量多、情况复杂，有可能混入经销商发布的广告信息，因此，信息类垂直网站需要建立起积极而严格的筛选机制，防止由于线上信息的不真实造成用户满意度下降。

二、C2C 的模式定位

事实上，目前围绕二手车市场进行的垂直创业，不可能完全颠覆整个二手车交易市场。这就更需要创业者能够准确定位 C2C 模式，运用好各种方法，在确保交易双方利益基础上发展自身平台。

1. 采用正确的引流策略

对二手车消费者应该进行积极引流，其中包括两大方式：

购买流量。直接开发 APP 手机客户端软件来吸引流量；在各大二手车网站购买流量入口；在百度上购买关于二手车的不同关键字，也可以是汽车品牌名称加关键字。

启动线下推广。在三四线以下的城市进行线下推广，包括在本地小区发传单、留名片或者对二手车进行高价收购等。

2. 计算好评估成本并加以分摊

二手车 C2C 模式绕不开的成本，是评估师上门的费用。但评估师不应被计入成本，由于上门服务所带来的强大口碑效应，能够迅速提供其他营销模式无法带来的用户黏度增加。

为此，创业者完全可以引入其他合作伙伴来分担上门评估的费用。例如，可以将汽车美容产品推销、洗车服务或维修服务，同评估师上门联系起来。这些服务可以是你的企业自行提供，也可以同其他企业合作分成，这等同于将用户流量进行了新的价值开发，同时减少了人力带来的成本。

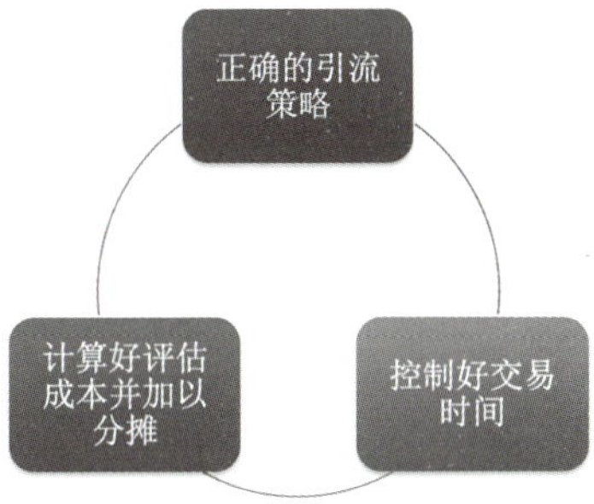

3. 控制好交易时间

C2C 模式的问题在于交易时间有可能较长而影响客户体验，因此，你可以对两端的用户都给出时间保障，即在准确评估的前提下，对上端的车辆卖主给出时间承诺，保障他们在此时间内得以成交；对下端的买主，则承诺解决他们购买后的退货或售后服务。

尤其是在创业初期，由于你的企业并没有建立起强大的口碑和信誉，必须通过这样的承诺让客户感觉有保障，这样才能带来源源不断的用户资源。

三、对 C2C 模式加以创新

目前，国内主流的二手车垂直交易平台，大都采用了从美国照搬来稍加改变的模式，但由于国情、消费习惯和市场特点的不同，有必要对 C2C 模式加以创新，而创新重点应该放在用户体验和运营效率的提升上。

1. 建立标准化的评估体系

与其依靠评估师上门服务，不如考虑建立标准化的定价监测系统，通过用户自己提供详细的车辆数据并加以验证，从而实现线上的高效信息匹配，为平台用户个人的交易提供科学准确而权威公正的参考，从整体上提高平台运转效率。

2. 顺应客户消费习惯

在一线城市，可能用户更喜欢接受上门检测服务，但在三、四线城市或者县城，由于区域较为集中，而线下实体店宣传影响力更大，你完全可以在发展初期利用“上门 + 门店”的组合形式来进行服务。当消费者习惯开始改变或你的平台逐渐做大，就可以再逐渐提高上门服务比例。

4.5 把重心下移到景点

随着互联网的发展，消费者也越来越成熟，从最初的好奇体验、追赶时髦，发展到在网络上寻求更多实用的价值和实惠的价格，这就需要垂直型网站创业者将注意力集中在重心下移上，即寻求垂直领域中某种特定的需求，或打造某个专门的环节来满足消费者。

纵观目前垂直型旅游网站，携程网的地位已经有所下降，在过去近十年中，携程网凭借其历史和品牌的优势，一段时间内可算是垂直旅游网站中的领军企业。然而，目前携程网更多的特点表现在打造“全流程”上，他们试图利用自身品牌的影响力，不断扩张业务领域，让产品多元化。目前，携程网站上的一级导航频道高达十几个，其中包括酒店、机票、火车票、汽车票、商旅管理、自助游、团队游等，虽然这样的多元化产品看起来让企业业务领域更加丰富，但实际上却在一定程度上违背了垂直网站的发展趋势和应有理念。

和携程面临同样问题的还有艺龙、去哪儿这样的平台。传统的旅游垂直网站正受到众多创业型旅游网站的冲击，这些网站依托各自领域的优势，在垂直的细分市场上不断下降重心，挖掘新的市场机会。换而言之，旅行垂直市场的创业趋势，在于进入不同的细分市场，并以此从那些大型旅游在线网站上抢出市场的蛋糕。

那么，对于今天的旅游消费者而言，他们究竟可以有多少种选择呢？对这个答案的寻求，能帮助你迅速了解市场形势。

如果是一位父亲上网选择全家出行的旅游项目，那么他可以通过“布拉旅行”所提供的个性亲子套餐，寻找一个带有游泳池并能够提供采摘活动、喂养小动物活动的特色型度假目的地。

如果是一对经常出国的高端白领恋人，他们可以选择通过 Travelzoo 这一平台，挑选境外目的地旅游产品，其中包括餐饮、租车、景点、演唱会、特色民俗艺术、按摩等境外休闲服务。

如果是普通的“穷游族”，想要趁寒暑假在国内转转，那么“蚂蜂窝”网站完全能够帮助他们从大数据中寻找到不同消费特点的酒店和景点预订服务。

总体上来看，传统的垂直类旅游网站，大都是标准的 OTA 模式 (Online Travel Agent)，即在线旅行社服务。携程的 OTA 模式主要针对商务旅行客户推出机票、酒店预订，而去哪儿则更多抓住搜索新的客户，但无论他们有什么不同，更多代表的都是卖方市场，提供的都是标准化旅行产品，将目标集中在旅行的“过程”。与此相对应的是，垂直旅游市场的未来应该更倾向于买方市场，即抓住旅游景点和用户之间的联系，向用户提供更加专业、更强体验、更为个性化的产品。

随着市场变化，用户对景点的需求也在变化，这些变化本身形成了不同的标签，而垂直创业者需要做的重要工作，就是将这些不同的标签加以区分并满足用户的需求。

1. 将旅游作为手段，将景点作为端口

垂直类旅游网站就只能从旅游上赚钱？这个答案是否定的。垂直创业者完全可以“剑走偏锋”，一方面，将旅游这一商业形态和人性加以结合，产生更多衍生价值，而不是单纯停留于商业本身；另一方面，利用流量优势和景点进行合作，将景点作为吸引流量的端口，从而获得突破。

例如，妙途旅行专门为消费者提供以交友为主题的旅行服务，帮助用户联系景点，设计定制化自然风光旅行，并帮助用户全面了解同行的异性。

2. 侧重选择那些缺乏竞争对手的细分旅游市场

当下的旅游市场出现了市场细分化的趋势，不同的细分市场都能够满足不同旅游者的特殊需要，而你的垂直创业网站应该更加注重对用户的旅游需求进行深层次开发，不仅要根据用户的年龄、背景、职业和爱好等情况提供不同特色的产品，还要根据现有竞争对手的多少来选择你具体进入的细分市场。

除了传统的观光旅游、度假旅游和商务旅游之外，目前还属于比较空白的垂直细分旅游市场有：考古游、奖励游等。而诸如目的地旅游、探险旅游、蜜月游、购物游、老年游、亲子游等，已经有了相应的垂直网站进行服务。无论上述哪种旅游市场，都有潜力产生上百亿市值的互联网企业，创业者拥有实现成功的机会。

3. 仔细辨别旅游细分市场的创业机会

旅游创业市场的确存在很多机会，但并不意味着容易成功，创业者要学会分辨所谓的“机会”，更不能将用户需求和提供功能混同一谈。

例如，不要轻易将大量的创业资源放在移动端旅游 APP 开发上。目前的市场实践证明，移动端的旅游软件并没有发展那么快，对于旅游这样的事情，消费者更多喜欢坐在电脑前慢慢计算、比较，而不是利用碎片化的时间来匆忙作出决定。

又如，不要试图模仿那些大网站去做“大而全”的布局，因为创业初期无需让项目涵盖用户整个的交易路线，因为运营渠道越多，会导致你的网站成本越大。只有找准方向进行单点的突破才是最重要的。

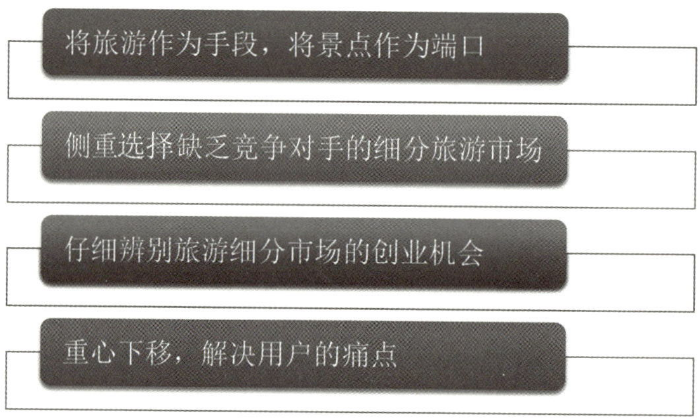

4. 重心下移，解决用户的痛点

旅行消费的痛点，包括交通、酒店和景点体验三方面，因此你的垂直创业网站必须解决这三方面的痛点。例如通过特价酒店活动解决酒店价格痛点，通过联系专车服务单位解决交通便利痛点，或者通过和景点联系进行合作，提升产品层次、丰富旅游内涵，进而提升用户的旅游体验。

4.6 垂直教育打破僵化学习

“互联网 + 教育”，是目前垂直行业互联网创业的一大亮点。随着技术方面的进步，人机交互、智能多屏互动的发展，互联网教育必将改变整个社会的学习方式和教育模式。对于学习者而言，线上教育能够打破以往固定和僵化的学习方式，方便学生对自我学习行为进行合理安排；而对于教育者而言，线上教育又能够通过数据技术和云技术，提早了解学生的状况，并丰富上课过程中互动的形式，时间也能够更加集中，并为学生提供个性化教育。

长远来看，互联网教育不可能是一时兴起，而是会继续保持持续快速发展的局面。

目前，主要集中在互联网平台上的教育门类项目有：教育机构服务、垂直教育服务、互联网背景服务、垂直工具社区和综合教育平台。从这些项目的特点来看，有的主要体现出产品内容的优势，而有的具备产品流量的优势。抛开差别不看，其实是否能打破僵化学习进而吸引用户，是现阶段教育类创业公司的主要方向。其中，垂直教育服务和垂直工具社区更符合互联网创业的优势。

在垂直教育服务领域，目前比较典型的当属决胜网。决胜网是中国首家国际教育产品的搜索匹配平台，于 2012 年 11 月成立，为消费者提供国际教育产业链上最优质的资源，为消费者提供一系列教育产品和服务，包括素质特长培养、比赛交流、社会实践、考试培训、出国留学、游学实习和移民生活等，将互联网平台优势和传

统教育行业结合起来，成为消费者和优质教育机构之间的重要桥梁。

在决胜网的在线教育平台上，学生能够通过手机、网站、微信互动平台等进行学习。此外，一些教育在线平台还将实验室搬到手机上，其中包含有3D立体影像和仿真设计，包括实验工具、材料的模仿和发生化学反应的变化，虚拟网络都能够做到和真实演示一样。和传统教育相比，这样的教育平台更加突出情境、趣味、交互和体验性，并对传统的教育思想提出了创新。

根据一份来自教育部的资料显示，中国拥有世界上最大规模的教育群体，而2013年，中国家庭总的教育支出规模达到上万亿元，以此为基数的中国教育市场规模初步估计就高达4万亿元。

如此之大规模和潜力的“黄金市场”，自然会被风投看中。从创业者的角度来看，在线教育有可能在垂直领域更容易获得成功。这是因为只有学员真正通过垂直领域的课程学到了对自身有所提高的知识，才能体验到在线教育的成功。因此，相比平台化的决胜网，创业者不妨将更多注意力投向新的类型：垂直细分教育产品。

不要忘记，网络平台从整体上来看，依然还只是工具，用户所追求的核心是教育服务，在线教育需要通过互联网这样的工具，对传统教育行为进行实现和优化，就不能只是将内容放到平台上，而是要通过提供服务，让用户可以更好地获取他们想要的知识。

在线教育细分领域的快乐学，就是以这样的角度切入在线教育领域，其细分市场，专注于K12，通过智能算法、精准标注和资深教研团队相结合的思路，从基础上解决了教育服务难以标准化的问题，将英语和数学这两个学科做得有声有色。其不但获得了巨量老师和学生的欢迎，还在短期内获得风投青睐，融得巨额投资。

我们知道，因为整个在线教育领域的服务难以标准化，但不同的细分行业具有不同的壁垒，对服务者的经验和资源积累也很高，这些都是可以加以量化和标准化的。只要像快乐学这样善于在细分领域进行挖掘，通过核心技术和个性化的服务来让消费者得到最好的服务体验，产品也就成功了一半。

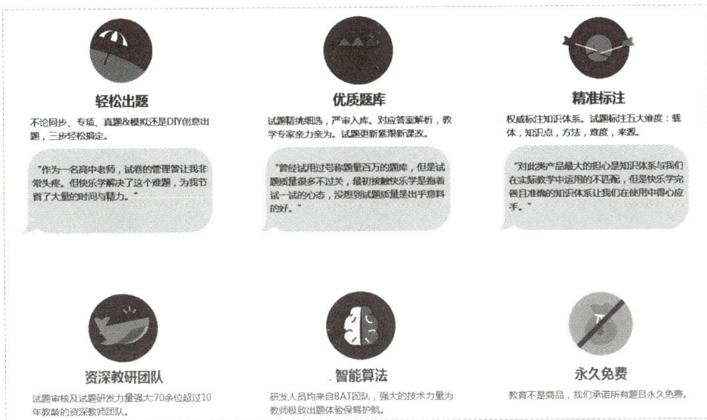

在选择细分行业时，不妨从以下角度来重新观察市场。

一、对整个教育行业进行深度垂直细分

在线教育和传统线下教育市场一样，有着极度细分的极大空间，精力和资源都有限的创业者必须选择其中之一进行深入挖掘。重要的细分空间包括以下几个。

1. IT 培训领域。在 2014 年搜狗教育行业搜索报告中，整体教育行业中，职业教育是占搜索量第一的，而 IT 职业教育又受到最多关注。

2. 儿童早教领域。目前，中国有 1.3 亿左右的 0~6 岁儿童，市场潜力巨大。但由于婴幼儿缺乏自主学习能力，早教产品在线进行深度垂直的难度比其他领域更大，需要创业者寻找正确的切入口，打造成功范本。

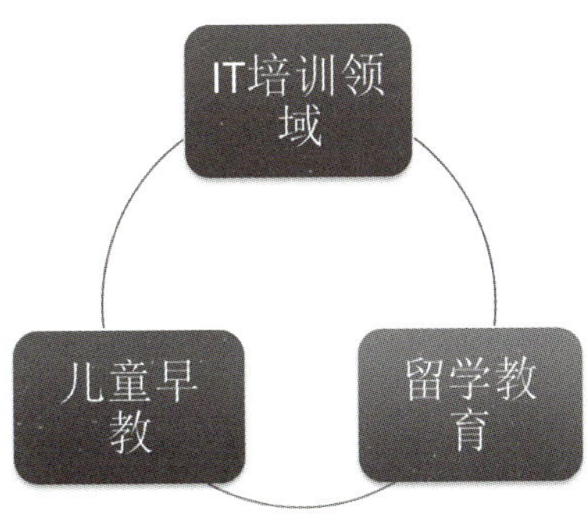

3. 留学教育领域。由于留学门槛逐年降低，留学生数量增加，因此目前这块市场值得加强开发。其中还能够再细分出更多市场分类，例如背单词、托福、GAT考试、申请材料准备等，都是很好的细分课程。

随着资本对在线教育的投入加大，在线教育创业者的注意力也应从K12(即小学到高中的12年教育)和英语教育等产品中走出去，发展更多的垂直细分教学服务。

二、带给用户更好的产品体验

1. 让专业队伍来做专业内容

在创业之前应该仔细考虑清楚：在线教育这个大市场，创业者究竟能进入哪些细分领域。不要将精力放到课程内容或者教学服务这些你并不擅长的事情上，而是要先规划设计出一条行之有效的路线去给学习者带来好的体验与服务，并通过专业课程的有效推进来取得成功。

值得注意的是，专业内容的控制权一定要掌握在创业者自己的手中。这也是教育行业和电子商务平台的不同，如果创业者过于依赖专业机构、队伍或者个人，最终很难打造出自己的实力，因此，不妨先从和专业机构的合作开始，再到做出拥有自身版权的教学内容，最后再转向成为提供中介的平台。

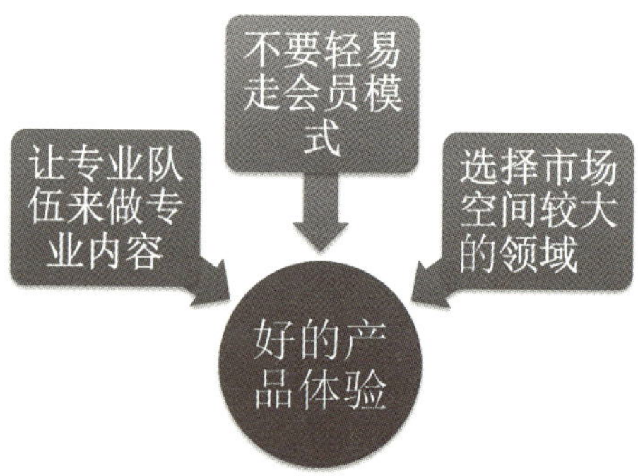

2. 不要轻易走会员模式

美国的在线教育垂直创业中，会员模式很容易取得成功，创业者通过将大量自有版权的视频放在自有平台上，以会员模式进行收费（按月或者按年），显得简单和快速，甚至创业者只需要录制大量的专业视频就能够迅速发展。然而，在中国由于版权保护问题、视频内容的独家问题以及竞争对手免费模式的问题等，很难凝聚起稳定的会员群体，更不用说培养用户的忠诚度和黏性。

3. 垂直细分服务的初期，要选择市场空间较大的领域

垂直服务模式的核心，在于其提供的内容应该有相当的难度和门槛，这样才能和单纯的授课视频播放相区别。因此，建议创业者在发展初期，将服务内容集中在市场空间较大的学习领域中，如公务员考试、会计资格考试、建筑师考试、iOS开发等。

4.7 移动医疗蚕食医疗市场

根据艾瑞研究报告，移动医疗对医疗市场的蚕食已经渐趋猛烈。目前，国内移动医疗 APP 已经高达 2000 多款。由此可见，资本汹涌进入了医疗市场，推动技术发展，也带动着整个移动医疗垂直行业的迅猛发展。

移动医疗这一互联网特色的垂直行业是何时出现的？在国外，这一行业被通称为“mhealth”。2005 年，美国帝国理工学院的 Istepanian Robert 教授第一次提出这一概念，到 2010 年，美国移动医疗峰会上对之进一步作出准确定义为“通过移动设备提供的医疗服务”。

在中国，移动医疗 APP 近年来如同雨后春笋般发布和运营。

2011 年 3 月，好大夫发布 APP；
2011 年 11 月，春雨掌上医生正式发布；
2011 年 12 月，丁香园健康互联频道开始运作；
2012 年上半年，更多移动医疗创业产品上线；
2013 年下半年，移动健康垂直媒体妈咪掌中宝 APP 正式上线；
2014 年下半年，包括 BAT 在内的重量级企业开始进入移动医疗垂直行业。

经过上述快速发展的轨迹，移动医疗市场已经进入新的时期。目前这一行业已经明显出现了两种创业方向。

第一种方向，以全疾病治疗作为入口，迅速积累大量的用户数量，并对产品功能加以完善，同时带给用户不同体验来增加市场份额。其中做得比较出色的网站有春雨医生、挂号网和丁香园等，这些公司大多拥有一定的互联网背景，并具有明显的互联网创业方式。

第二种方向，则是移动医疗行业开发的新领域：重度垂直医疗，即针对某种疾病开发的专业应用。对这样的领域进行开发创业，除了要求开发者能够对互联网操作和思维具有特长之外，更注重同专业医疗团队的合作和建设，尤其需要与医疗行业内拥有多年深厚积累的医生和医疗团队合作。随着这一领域的发展，其盈利模式也将从全疾病的单一消费入口模式，变化发展成为围绕某一特定疾病，形成多种场景消费的氛围，为创业者带来良好的现金流。

在上述创业方向内，具体可以细分为下面几类移动医疗工具。

1. 医生工具。其中包括对患者的病历管理、药品资讯、临床指南、医学理论等，能够对医生的日常工作有所帮助。

2. 自诊或问诊平台。包括病患对自身进行诊断或预约医院诊断、医患沟通平台、患者互助平台、私人医疗顾问等，能够对普通人和病患提供日常生活或治疗中的帮助。

例如，春雨医生APP的主要服务项目“空中医院”，就是为用户提供线上问诊服务，而创业团队也是通过空中医院来对用户的数据进行积累。在这一平台上，用户可以通过手机APP免费提问，而公立医院的医生则通过软件进行随机解答。为了寻求差异化，用户也可以通过APP寻找专业对口的医生，进行专门的付费咨询。另一些收费的服务还包括快捷通话、门诊预约等。

相比而言，挂号网 APP 在提供的服务结构和产品功能上相对简单，除了引导和辅助用户在线上完成挂号外，挂号网还提供在线医疗咨询服务，由医生利用图文结合方式向用户解答。和春雨医生类似，挂号网 APP 还能根据用户搜索疾病，向用户推荐相应的保健品。

3. 单科医疗领域。该类项目关注某个单科疾病领域，根据该类疾病的特点，借助移动互联网，将慢性病的预防、治疗和康复等一系列的管理方案提供给患者，其中包括牙科、母婴、糖尿病、心血管、呼吸疾病和皮肤疾病等。

4. 结合硬件。创业者可以通过开发专用硬件并上市营销为手段，然后引导用户采集自身生理信息，并通过 APP 进行自动记录、分享或提供咨询。例如移动监护仪或者远程胎儿监护等设备，都能够采用这种方式，以硬件作为服务入口，带动网站或 APP 的发展。

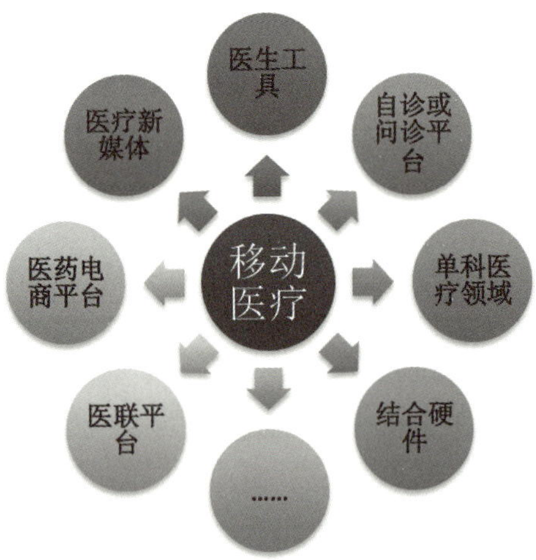

5. 医联平台。这类项目主要由创业者联系第三方供应商进行开发，或者由政府机构、医疗机构委托创业团队开发，其中包含对具体医院的信息咨询了解、挂号、预约、查看化验单等功能。目前这类项目以打造综合性平台为目标，需要和网络支付如微信、支付宝等平台结合。

6. 医药电商平台。这类平台中包括目前国内医疗行业最大的几家电商，向用户提供完善的药品信息和使用说明，同时还能够根据用户所处地理位置，提供“附近的药店”服务项目。随着未来政策的宽松，处方药网售得以放开，这一创业领域将会迎来更大机会。

例如，在春雨医生的 APP 中有“自我诊断”这一业务，包括药品库、附近医院、附近药店的推荐。其中，药品库和附近药店的推荐服务是药品电商的展示平台，用户可以通过这一入口，进入手机天猫平台上的药店店铺。

7. 医疗新媒体。创业者通过打造平台，对医疗机构和医药企业进行服务，还能在这一平台上传递医疗咨询，向患者推出健康教育，并将企业、医生和患者三者在同一媒体平台上联系起来，建立人际联系网络和社区文化。

在移动医疗开始蚕食医疗市场的过程中，创业者可以通过对上述类型方向进行比较，挑选出最符合自身团队特点的项目进行操作，不过需要注意解决下面的问题。

1. 汇集优质医疗资源

对于医疗和健康咨询方向的 APP 而言，线上问诊能够有效汇集用户，因此，优质医生团队和医疗机构是实现服务价值的关键因素。创业团队必须通过业务合作、社交资源扩张乃至烧钱的方法，在创业初期或更早就构建同医生团队、医疗机构的强联系合作。

2. 对医疗数据加以整理利用

将移动医疗 APP 和智能穿戴设备相结合，是未来互联网健康行业的发展方向，也能够帮助众多创业企业积累用户数据资源。然而，仅仅是对数据加以积累难以起到应有的作用，创业者可以通过积累大量资源并构建优秀的数据分析系统，从而做到帮助用户分析数据和提供指导。另外，创业者也应该努力向医院等服务机构提出合作邀请，在适当的利益分配体系下，寻求医院在数据分析的基础上，为用户提供个性化的诊疗服务。

3. 将创业重点放在慢性病人群上

中国有相当数量的慢性病人群，然而，在目前医疗环境中，他们难以得到充分持续和专业的护理，因此，你的创业方向可以集中在某一种类如糖尿病、胃病、风湿等慢性病上，为患者提供移动医疗服务。

4. 采用 O2O 模式进行快递送药服务

如果你的创业项目包含快递送药门类，可以考虑采用 O2O 模式来向用户提供相关服务。建议企业考虑下面两种方式。

（1）自建对药店的订单分配方式：在同一个区域内进行相对平均的分配，对药品更全、配送速度更快、咨询回复更为详细和服务更好的药店优先考虑，并组建自有物流配送队伍，满足用户 24 小时送药需求。

（2）抢单方式：这种模式类似于打车软件的抢单模式，当用户在网上下单之后，由创业企业打造的 APP 平台进行推送，并由附近的药店进行抢单送药。

Part 5

水面下的冰山才是主战场
——垂直创业之市场垂直化

5.1 新浪如何寻找下一个“微博”风口

垂直化创业，离不开垂直化的市场，当市场的形态发生变化之后，如果无法及时对现有业务方向改变创新，就难以适应新的互联网形势。在这方面，即使是综合门户中大佬级别的新浪网，也必须重视。

众所周知，新浪最重要的产品内容在新浪微博上。新浪微博推出于 2009 年，每月活跃用户 1.438 亿，其中还包括大量政府机构、企事业单位、官员、名人等的账号。2014 年，经过 5 年的发展之后，新浪微博正式登陆美国纳斯达克，迈出上市的重要一步。

新浪微博之所以发展迅速，得益于其提供的发布功能、转发功能、关注功能、评论功能和搜索功能、私信功能，其产品特点在于门槛低（任何人注册微博之后都可以使用、随时随地可以使用（利用互联网、客户端、APP 等平台）、迅速传播（可以一键转发实现裂变传播）、实时搜索（搜索其他微博用户发布的信息）等。从某种意义上来看，新浪微博是“永不闭幕的新闻发布会”，也是信息、广告交汇的重要场所。

随着移动互联网的发展，微信成为了新浪微博的重要竞争对手，但即便如此，新浪微博依然保持其多年积淀的商业价值，包括以下几个方面。

1. 媒体影响力的独特属性和微信注重私密属性的朋友圈社交有着很大区别，这种属性决定了在不同的分类行业中，任何一个品牌想要扩大影响圈，新浪微博依然是重要平台。

2. 新浪微博的商业价值还表现在对微博品类的独占上。无论是腾讯还是搜狐，其微博产品都无法撼动新浪的霸主地位。新浪微博的确代表着整个微博品类，而这样的品类代表，培养了足够多的用户群体，也建立起了属于品类特色的专有竞争壁垒，即使是微信平台引入广告，在短时间内也难以和微博竞争。

3. 在商业化的方向上，微博也具有更多多元化的特征，例如，微博和支付宝合作建立了微博支付，使得微博能够有效构成营销闭环；在广告方面，微博则建立了面向品牌企业、中小企业和淘宝商家的一系列完整营销体系；还可以和电视等传统媒体进行合作，例如和央视春晚的合作就为微博带来了千万广告收入，以及相当的数据授权收入。

因此，即使新浪微博正在面对微信等移动互联网平台的挑战，也丝毫不改其固有的商业价值，而新浪所需要做的则是将微博这一平台和垂直领域结合，从而更大地拓展其商业价值。

2014 年 10 月 14 日，新浪召开微博改版升级发布会，正式将微博市场加以垂直化运营。新浪宣布，在提升用户对内容进行获取和阅读的基础上，将面向垂直领域的用户提供更多内容的生产、传播和变现的工具。这也意味着微博将在垂直市场上加以细分，从而获得更多商业发展可能。新浪的雄心在于，以微博平台为载体，形成社会网络的形态，实现垂直领域的加速渗透，进一步提升平台的用户体验与商业价值。其中主要包括三个方面。

一、对不同兴趣加以聚合，提高用户在不同领域的阅读效率

1. 微博用户可以通过“发现”频道，发现更多自己关心的垂直领域内容，即使没有关注，也能看到相关内容。

2. 线上订阅功能，用户能够对自己关注的垂直领域频道进行订阅，而用户所订阅的频道列表，将会出现在导航栏订阅栏目下，用户可以直接浏览相关信息，而不用手动关注。

二、进行功能升级，帮助认证用户提高内容生产能力

1. 例如，在唱片业领域，音乐人能够通过专属的微博功能模块发布歌曲，并利用卡片的形式展示在微博首页，从而直接提供给用户实现付费下载。在测试阶段，就已经有超过 10 万微博用户通过付费方式下载了音乐。此外，演唱会门票售卖在微博上的销售效果也很不错。

2. 在前期自媒体测试基础上，微博上的付费阅读领域也将全面开放，帮助文字内容生产者全面接触订阅用户，并通过付费阅读、打赏功能等，促成垂直阅读行业的深度整合。

3. 针对其他不同垂直领域，微博分别建立页面，用统一框架完成了对不同个人、机构、行业、兴趣、物品甚至功能的分类和聚合，确保不同用户能够迅速而高效地找到各自感兴趣的垂直领域。

总之，微博改版之前，内容上主要是关注热点事件、娱乐动态、明星八卦等，但随着需求多元化，垂直细分化，用户对图书、音乐、电影等内容产生了极大的兴趣。这些兴趣节点的形成，深度挖掘和开发了微博的细分垂直市场。

三、盘活内容，不断进行深度垂直挖掘

除了对微博本身进行垂直细分的改革之外，新浪网站整体也在盘活内容，以便更好地将市场划分为深度垂直的各个领域进行“二次创业”。2014 年年底，新浪门户的几个中心被分拆成为各个事业部，每个事业部针对一个垂直细分领域，使得不同事业部的机制更加灵活，自主权也更大。

这种对市场进行垂直化划分的变化，最早来自于新浪乐居。2008 年，新浪乐居就开始独立品牌和垂直网站的运营，其发挥的行业影响力比原来更大，并持有了易居中国股份。在新浪乐居的带动下，新浪成立了新车事业部、新浪游戏部，尤其是新浪游戏成为完全自负盈亏的独立公司，专门进行“精细化运营”。

事实证明，新浪开始不满足于用微博“打天下”的现实，而是通过对门户的拆分，更加深度垂直，采取更加开放的眼光去划分市场，形成多线作战、多点突破的提升态势。

5.2 差异化优势，扎根垂直市场

在互联网出现之前，相对那些能够在更大市场进行营销的大企业而言，那些专注于垂直市场的企业似乎是难以成功的，因为无论是市场份额、消费者购买能力还是最终的销售量、利润，垂直市场似乎都无法和广义的大市场相比，甚至有人认为，专门将产品或服务定位在一个特定市场上，是企业缺乏雄心壮志的表现，也注定了企业将越走越狭隘。

然而，随着互联网垂直创业的开始，局面变得不同，专注于某个细分垂直领域包括特定市场或特定人群的企业，有可能获得更大的成功。尽管依然有不少面向所有人的“全品类”大网站能够取得成功，但垂直市场的创业项目依然有很多成功途径，而其中的共同点，在于创业者是否能够专注将一件事情认真做好，并做得与众不同。正因如此，差异化、相对领先和价值层面的引入，成为了扎根垂直市场的重要武器。

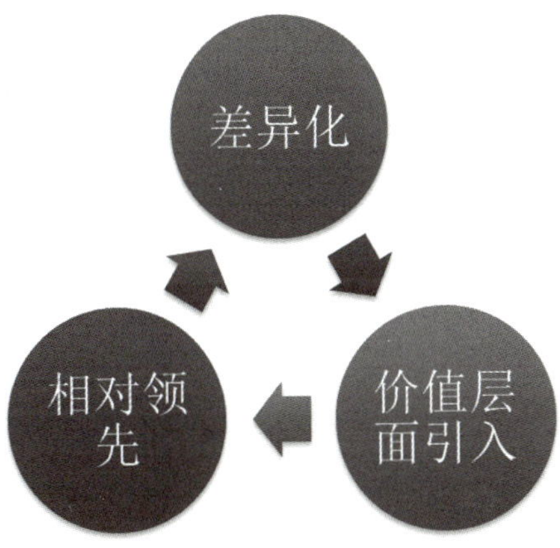

面对垂直市场，有人选择背离，也有人正在选择回归。凡客的创始人陈年，正在带领着自己的团队试图重新回到垂直市场上来。2007 年，凡客正式成立，“爱网络，爱自由，也爱 29 块的 T-Shirt，我是韩寒”打造出曾经红极一时的凡客体广告语，而当时的凡客站在了国内电商行业的发展高峰，它曾经一度和京东并驾齐驱，估值达到 30 亿美元。

起步初期，凡客将目光集中在T恤衫这一垂直市场上，花费了大量资源和精力做好这方面的产品生产和营销，最辉煌的2011年，凡客曾经卖出1000万件T恤衫，而2012年卖出了1300万件。当时，整个中国的T恤衫零售市场容量是5000万元左右，凡客一家就占据了三分之一的江山。而同时期，即使是日本优衣库这样的老牌休闲服饰厂商在全球的销量也只有2000万件。

面对迅速发展态势，凡客不甘心只是将目光放在垂直市场上，他们开始走上了许多垂直创业者曾经走过的道路——市场扩张，品类丰富起来，平台也搭建起来，试图占领全面的电商市场。为此，8年来，凡客完成了7轮融资，获得的投资金额总共达到6.2亿美元，但经营状况却每况愈下，2014年更是出现资金链断裂、大幅裁员和团队高管的分崩离析。

面对现实，陈年痛定思痛，开始重新追求T恤衫这一垂直市场，尤其是当他和老朋友、小米手机创始人雷军彻夜长谈之后，更是意识到必须注重垂直细分市场的差异化、价值层面和相对领先的特点。在"二次创业"的过程中，他开始重新打造极致，打造主力产品，追求工艺细节和爆款，并希望以对垂直市场的重新重视实现再度辉煌。

2013年，京东创始人刘强东说过这样令人寻味的话："未来的互联网企业只有两种模式能够存活下来，一种是平台式，另一种是个性化、品牌化的垂直网站，其他标准化的垂直网站活不下去，要么卖，要么死。"

所谓标准化垂直网站，就是指企业首先从细类的标准产品出发，打造一个垂直市场，但却将重点放在了成为综合性的平台网站上，比如凡客或其他创业网站当时的盲目扩张，却带来了自身难以克服的种种弱点。

创业者们需要知道，综合性平台，追求的是规模化，而垂直创业企业，追求的应该是细分需求。这样的不同，决定了两者背后概念的不同，垂直创业项目必须追求市场的细分，形成差异，带给用户多种维度的价值创新，将垂直做到极致，让细分变得更精细，这样才能更加深入扎根垂直市场。

不妨了解下面的垂直市场原则。

一、追求相对领先，而不是追求绝对数字

不要在创业初期去追求你的绝对数字，例如估值、融资数额或者行业排名，而是要追求在某一个方面必须取得别人难以企及的领先。

你不需要追求潜在用户群体的绝对数量，而是要追求对用户进行转化的比例，提升将浏览量变成直接客户的可能性，从而打造销售和营销的高效率。比如，在传统的营销模式下，用户即使加入网站会员也只会支付一两个月的会员费，而这导致你的团队回收成本需要一两年。但在垂直化市场中，由于对用户的影响力提升，可以做到让用户第一次就支付一年的会员费，因此在两个季度内就能够实现盈利——看起来，也许会员数量并没有绝对提高，但却获得了相对的增长。

对市场的垂直化开拓，还能够让你在短时间内获得更多份额，就像切蛋糕应该垂直向下切而不是横向切一样，不要试图对市场进行水平化的占领，因为水平化市场需要你吸引太多的用户群体，而很少有企业能够真正做到这一点。但当你将市场进行垂直化划分之后，就能够有效地提高市场占有率。在条件允许的情况下，你还应该借助垂直化市场去把你的解决方案变成行业标准，然后利用行业标准来进一步提高市场份额，进而形成良性循环。

二、引入价值层

针对特定的市场进行垂直分类和管理，能够帮助企业获得更大的份额，伴随新客户特定需求的不断出现，在独特的基础设施和网站架构基础上，企业应该有效缩短开发和部署的周期，降低运营成本，针对不同的垂直行业提供有益的新价值层面。这些层面是以前的大型平台类互联网站并没有关心的，而你要做的是挖掘并组合这些价值层面，然后通过用户满意的方式，让他们获得挑选的空间。

三、寻求差异化

在大型平台的互联网创业时代，无论哪一种类型的门户都难以避免相互之间的模仿和抄袭，从补贴到优惠赠送，本质上而言都是利用“烧钱”来进行同质化的营销。虽然这种营销方法的确很重要，但如果你的企业只是会这样一套营销方法，只能说明你的产品和服务并没有什么特别的价值。

垂直市场的互联网项目如果想要长期生存并扩大发展，就应该依靠自身产品和服务的差异化发展，形成阻挡竞争对手模仿的壁垒，并提供与众不同的价值去吸引属于你的市场份额。例如，京东在进入网上订餐外卖服务这一垂直化市场时，并没有盲目模仿抄袭，而是接入了“拼豆夜宵”，主要专注夜间 23 点 ~ 凌晨 5 点餐饮配送市场。而与此相对，聚美则主打早餐配送外卖，楼下 100 则主打芝士下午茶配送……以这些平台的实力，并非没有直接运营综合类送餐门户的资源，但他们清楚地意识到，没有差异化，也就没有以后的垂直类市场。

垂直创业想要取得成功，差异化是相当重要的，能够让你的企业在海量的网站中获得关注，提升份额。但究竟怎样实现对垂直差异化进行优化呢？

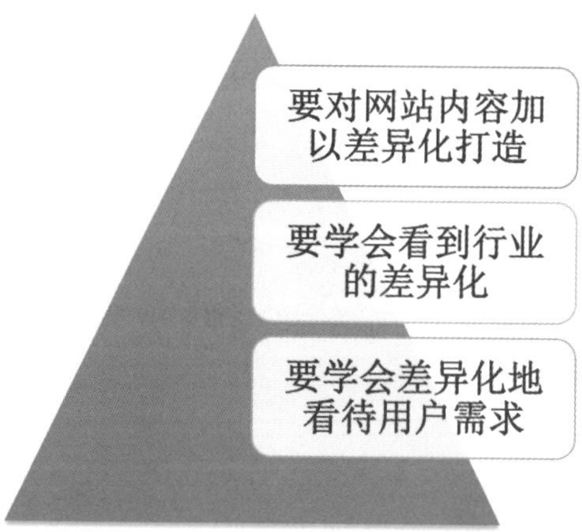

1. 要学会差异化地看待用户需求

垂直网站要面向不同的客户群，因此你需要将目标用户划分在相对小的范围内。例如，人才类网站，可以用地区细分、行业细分来实现差异，而即使是同一个地区的人才网站，你还应该根据用户不同需求来服务，例如有些用户需要高端人才，有些则是低端人才，有些用户只需要临时性的人力资源。只有细心地发现这些需求背后的不同，你才能看到市场中的不同，并打造出自身网站的不同。

2. 要学会看到行业的差异化

虽然许多垂直细分行业看起来已经被“大平台”们瓜分占领，但创业者还是有很大机会对这些行业进行新的差异化优化。即使在同一个行业里面，整个市场还是会呈现出不同的特点。例如，在电商行业中，京东、天猫、苏宁易购等平台一方面有相同的属性，但另一方面又有着各自的不同，例如天猫的核心特点在于多元化的产品和服务，京东的核心特点在于物流服务，而苏宁易购的优势在于其家电销售。如果你所做的创业项目和电商有关，就要去区分其中的不同并明确方向。同理，即使是同一个行业的创业方向，也需要你运用差异化来获得竞争优势。

3. 要对网站内容加以差异化打造

对市场进行差异化垂直细分，离不开网站内容的差异化。这是因为前述两种差异化更多是对运营方向加以确定，并得到目标市场中的用户，但如果没有与之相关的配套内容，一样会让你感到棘手。这是因为网站相关产品和服务的内容或者来自于采集转载、或者来自于原创，但如果在这些源头上不加以控制，网站内容的针对性就无法体现。

你可以根据目标用户群体的共同特点来编写营销方案，例如，虽然你的产品基本上都是以图片和文字的展示为主，但你完全可以通过组织不同的活动来引导消费者参与，这样就能够充分体现出内容的差异性。

5.3 市场垂直化的标准：让人上瘾

曾经的互联网是“剩者为王”，采取种种方法活下来，是创业者成功的标准，而当时面对着一片未知的发展前景，没有谁能够真正准确判断互联网市场的走向。但今天，在移动互联网时代，越来越多的人发现，这个市场容量是足够大的，绝不是新浪、百度、淘宝等大型综合门户网站能够完全占领的。对于特定群体用户而言，市场的垂直划分自然能形成市场，并为你的创业项目提供应有的生存空间。

大型门户网站，无论是打造平台还是深入不同的垂直领域，都不可能只将一套战略执行到底，总会出现难以达到标准的情况。与此相反，本地化的垂直创业的互联网公司，能够依靠对市场的构建，在某一个领域击败这些巨头，尤其是在移动互联网领域，很可能实现这种原本无法想象的成功。

为此，你必须清楚市场垂直化的成功标准：充分的用户依赖性，即让垂直领域的用户能够对你的网站“上瘾”。具体来说包括下面几点。

一、可达性

你的创业网站必须具备充分的可达性，来帮助用户感觉到自己就在垂直市场之中，而并不需要花费大量的时间和精力去寻找它。这样，用户和市场的关系更加密切，也能够让你的垂直网站产生更大影响力。

在可达性方面，淘淘搜是做得很成功的典型垂直网站。和其他垂直搜索引擎以文字搜索方式不同，淘淘搜还加入了以图搜图的方式，用户只需要给淘淘搜一张图片，网站就能通过视觉计算手段，为用户迅速在海量的商品中迅速找到相对应的商品，从而免去了用户花费时间考虑究竟应该通过什么关键词来描述商品的烦恼。

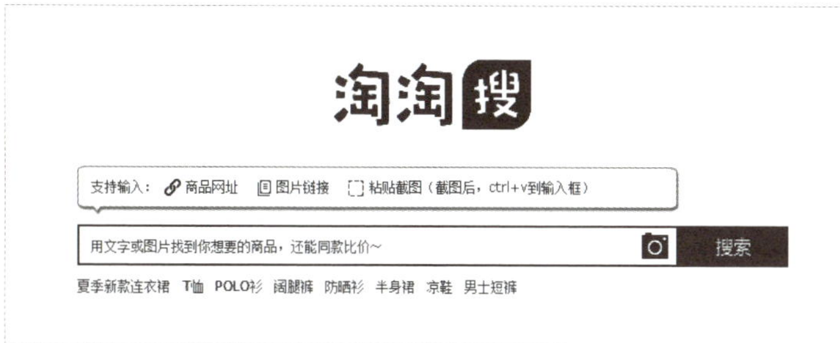

为了做好网站的可达性，创业者应该保证下面几点的充分实现。

1. 要做好网站页面的开发设计，让你的网站页面更加人性化、更加简洁实用。你不需要让页面看起来像“大网站”，而是要突出其能够为用户所提供的功能。

2. 做好手机 APP 的开发。成功的 APP 最多在五分钟之内就能被用户熟悉使用方法。必须要对 APP 进行充分优化，突出最主要的功能模式，并以此帮助用户熟悉和接受你的商业模式。

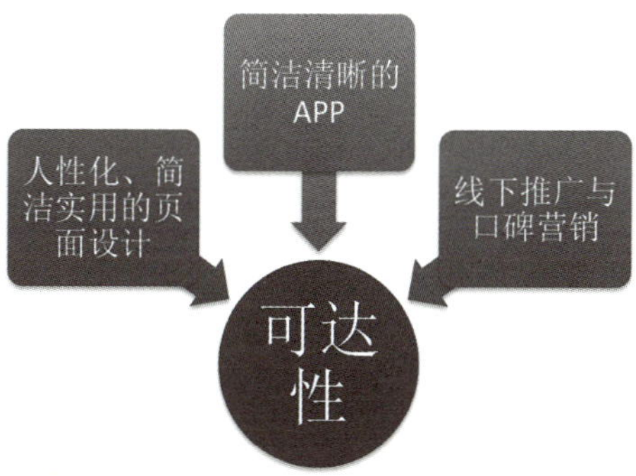

3. 做好线下推广与口碑营销，任何一款好的垂直领域互联网产品，都不可能只是基于线上市场的传播，必然有着不同程度的线下推广和口碑营销。在注意开发线上市场的同时，你也需要专注于线下市场的拓展，利用消费者互相带动的效应建立口碑营销圈。

二、策展

策展的原意是指在展览活动中对艺术作品展览的策划和组织。在互联网市场中，越来越多的策展人利用对内容的筛选和编辑，形成在不同垂直领域的专业性和权威性。

策展是衡量你的垂直市场是否有效构建的重要依据。2012 年，Twitter 企业战略总监埃拉德 · 吉尔在他的文章中指出，在图片分享社交类网站 Pintenest 上，每个用户都可以根据自身兴趣来组建一个“版面”，而他们自己就是这些版面的策展人，并利用主动搜索或被动推荐的方式来更新这些版面。同样，美国的 Storify 网站进一步将策展的功能加以明确。用户在绑定相关账号之后，能够通过搜索框直接对关键词进行搜索。最关键的是，他们能够将搜索结果进行编辑并添加评论，最后直接发布到自己的社交账号如 Twitter 或者 Facebook 上去。

在类似这样的垂直市场中，不仅网站本身是策展者，用户也能担任策展者，他们不但实现了“人人都是记者”的愿望，更是实际上提升成为“人人都是编辑”。

通过正确地加强策展感，相信你的网站能够获得良好的垂直市场份额，下面介绍几种增强策展效果的方法。

1. 通过有效策展，呈现最让用户信服的信息和意见

在网站开发中，你应该利用策展来表达对你的营销有利的信息和意见，这意味着你并非仅仅是对他人的内容加以转载，而是要提供充分的中立的外界评论和看法，从而说明其他人的看法和你的看法及观点一致。比如，你可以转载有名望的媒体内容，或者记录用户的讨论，并进行有效编辑，最终达到加强你的可信度的效果。

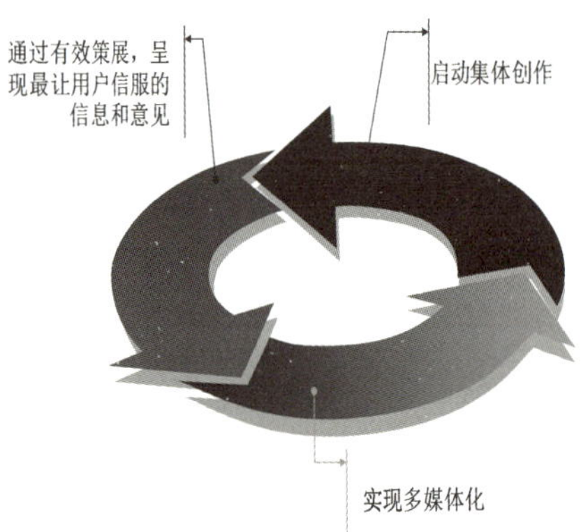

2. 启动集体创作

策展的责任并不一定要明确地落实在你的团队或者某一群人身上，责任并不明确的集体创作，能够让网站的内容营销显得更加多元、更加体现出参与性，能够更好更有趣地进行表达。

例如，你可以在相关的网站社区中将发现的内容定时传给编辑员工，然后再根据其内容的新鲜度、相关性、传播次数、点击次数、互动和独特性等，进行筛选和过滤。当确定好内容后，再利用吸引人的接口来呈现在你的网站中，用以帮助你的特定用户迅速有效地捕获内容。

3. 实现多媒体化

构建垂直市场是否成功的标准在于用户是否对你的网站有充分的依赖，因此，内容策展不仅仅限于文字，如果你的用户对图片、影音等有很好的反应，你就应该充分考虑将多媒体利用起来。例如，让你的网站中不同相关内容版块呈现不同色彩，通过视频来传播行业新闻，允许用户下载有关产品或服务的音频等，通过这些内容策展，你的网站能够走在特定垂直市场区域的潮流前端。

三、社区性

只有具备良好的社区性，垂直网站的运用才能得以成功。这需要运营人员统揽全局，对建立网站社区形成系统的计划，并能够分步骤、分阶段、分重点地去实现目标。

1. 形成良好的社区氛围

网站社区有怎样的氛围，决定着互动质量的高低，在社区建设前期，要通过公司的内外资源，引导用户迅速点燃对社区的热情。与此同时，社区要结合网站内容的热点进行高频率互动，努力将新用户迅速黏住，从而增加他们对社区的回访率和忠诚度，降低推广成本。

2. 做好用户和内容的细类划分

垂直社区和其他综合门户的社区，最重要的区别在于垂直，而要针对垂直领域的网站来打造社区，更要根据垂直领域中进一步划分出的细分人群和分类做好归类，做出最大深度的垂直特色。反之，如果只是做垂直领域的“总和”，就会导致网站失去社区这一块特色招牌。

为此，你应该针对网站的定位找到不同的社区目标人群，对他们的特点加以分析，建立渠道，让他们内部交流形成圈子，产生共同关心和感兴趣的话题，形成良性互动，营造社区的分享交流氛围，推进社区的长远发展，也能够形成良好的口碑传播。

1. 形成良好的社区氛围
2. 做好用户和内容的细类划分
3. 为下一步运营盈利做出铺垫

3. 社区要为网站下一步的运营盈利做出铺垫

垂直社区的运营盈利，指向点为广告媒体、导购链接、电商平台、线下活动等，这些盈利点在前期尤其不能缺乏营造圈子和数据挖掘，通过在社区经营中有效地对有关的数据进行铺垫和积累，做好社区中不同用户的分析和维护，长期进行有关的客户关系维护，如通过微信、微博、电话、短信、邮件、聊天和线上活动等方式，与用户保持良好持续的沟通，从而确保网站对市场的占有份额。

四、效率性

获得一个成熟的垂直市场并不是很容易的事情，需要克服种种困难，在当下诸多选择中为每个用户提供足以让他上瘾的内容和服务。想要做到这一点，你的网站运营就绝不能缺乏效率性。

在过去的门户网站中，无论是提供的信息、产品还是服务都相当全面，但却很难让特定需要的行业、人群产生持续的关注力。在阅读和接受的过程中，用户很容易被那些并没有什么价值但却很引人注目的信息吸引，从而降低对信息的获取效率，这也导致市场中特定人群的分散，无法构建有益的垂直化市场。然而，在面向垂直领域的营销中，必须要克服类似问题，在数据统计和行为习惯了解的基础上，网站应该将有指向性的内容和信息，以明确的渠道推送给那些最需要他们的用户。这样，上瘾模式才能得以建立，而网站的效率性也可以充分发挥。

5.4 任何一个领域都存在临界点

打造垂直市场的重要意义，在于寻找到互联网商业项目的新的市场空白，并让创业者从中获得良好的发展前景。一个明显的事实是：无论是 B2B 还是 B2C，只要选择精准化的创业方向，都可以从那些大而全的企业手中抢到属于自己的蛋糕。

以零售电商为例，中国目前已经是世界上最大的网络零售市场，预计到 2020 年，整个中国网络零售市场的规模最高将会达到 4.2 万亿元，相当于美、日、英、德和法的网络零售市场总和。其中，阿里电商占据了整个市场 80% 的份额，2013 年，仅阿里平台的全年商品交易额就等同于整个美国的商品交易额。这意味着，中国的网络零售市场在过去十余年之间，都是处于被阿里垄断的状态。

但即使在这种情况下，依然有众多网站从垂直市场中脱颖而出，包括唯品会、聚美优品、一号店等垂直网站，在几年内成功实现了逆袭，其成功经验值得今天的创业者分析、总结。

来看看在 B2C 领域，垂直电商是如何抓住市场真空，建立自身“势力范围”的。

虽然阿里旗下的淘宝因为培养起用户在网络综合零售平台上购物消费的习惯，然而，其不断扩大的市场范围总会碰到一定的瓶颈，当淘宝在迅速发展十年之后，问题也开始出现：定位不清、追求大而全、大量同质化商品、真伪参差不齐等，都成为淘宝继续占领市场的临界点。在这些临界点上，垂直类网站开始大做文章——2010 年，聚美优品上线并迅速取得成功。由于垂直 B2C 平台的淘宝无法对每个细分市场加以调动资源并成规模地投入，聚美优品利用两年的时间窗口，抢占了美妆这个包含了千亿元级别需求的市场；同样在垂直市场上获得成功的还有唯品会，他们所瞄准的市场同样也是淘宝所未能集中注意力面对的三线城市的高端品牌服装市场需求……一系列成功显示，垂直市场上的创业，需要聚焦在大平台关注力之外的细分领域，这种对市场真空的精准抢占，会带给创业者丰厚的回报。

阿里究竟留下了哪些市场空白，给这些异军突起的垂直网站来填补？

1. 阿里巴巴的物流系统一直是欠缺点，而平台上众多商家参差不齐的产品和服务质量也同样是难以彻底解决的问题。而聚美优品、唯品会就此对垂直市场的需求进行抢占，例如唯品会承诺“现场试穿不合身可直接退货”，聚美优品承诺“6 小时闪电发货”，以及两家公司都提供的正品保险和买手队伍、呼叫中心，以及唯品会为节约消费者购买决策的时间和精力而不提供搜索等特点，均满足了消费者在淘宝和天猫平台上无法满足的需求，自然也就解决了市场上原有的不足。

2. 阿里虽然是大型的综合电商平台，但对市场的下沉却并不比一些垂直电商企业强，尤其在三四线城市，淘宝和天猫的覆盖面、提供的产品和服务的多样性，并不如一线城市多。垂直电商针对这些城市的消费人群加强了网上宣传，使他们形成了消费习惯，其忠诚度和用户黏性都足以为他们带来应有的市场份额。比如，相对成功的唯品会，其订单在一线城市只有 13%，但在阿里的临界点之外，唯品会选择了深度下沉，如二线省会城市的销售额占据唯品会 30%，连四线城市包括乡村也占据了 20% 的份额。

对于这些垂直零售电商而言，他们没有挑战和颠覆阿里的野心，但他们在各自的领域内占山为王，建立了真正的垂直市场，享受着独占的利润，也足可以为创业者所效仿和学习。其实，不仅 B2C 市场已经发生了这样的抢占，随着互联网商业在经济领域中的比重越来越大，B2B 电商也将伴随对市场的深耕而迎来新的局面。

和 B2C 一样，B2B 的传统门户平台已经难以满足企业需求，垂直和细分化的 B2B 市场模式，正在成为最主要的竞争战场。在经历了互联网和移动互联网两次革新之后，中小企业们已经意识到互联网的重要性，并进一步发现，与其在大型平台上寻找容纳自己的市场，不如自我创造出细分化的垂直市场和交易平台。

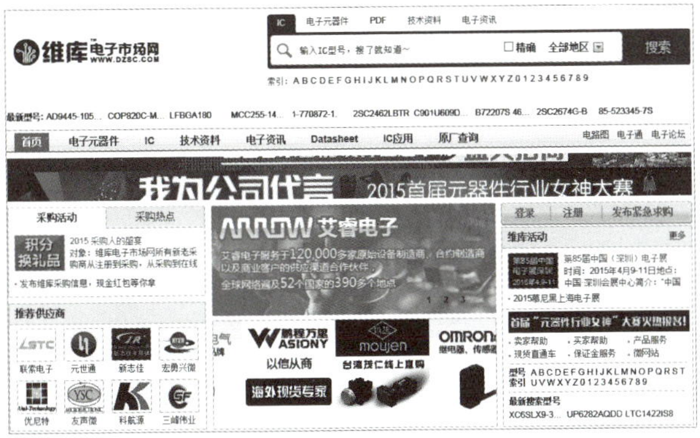

例如，维库电子网，主要是电子元器件的 B2B 交易平台，已经拥有 30 多万家业内注册会员，芯片库存信息有上亿条，采购商可以从中进行充分对比和筛选。

中国化工网，国内第一家专业化工网站，包含了 40 多个国家和地区共 2 万多个化工站点，其中含有 25000 家化工企业和 20 多万条化工产品记录，为行业中的整个产业链提供了丰富的资讯和服务，满足了客户的个性化需求。

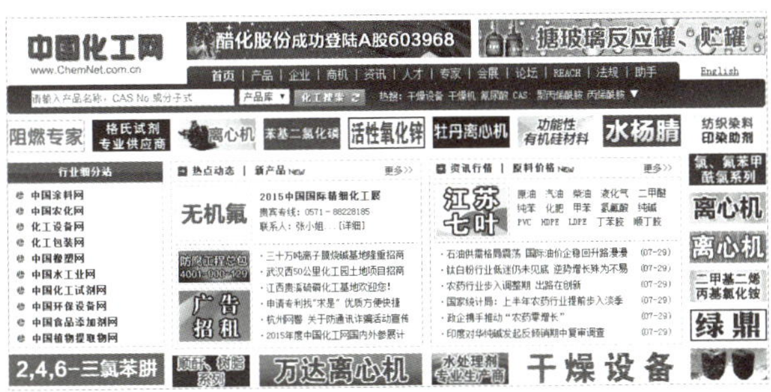

其实，无论是 B2C 还是 B2B，任何一个和互联网有关的企业，总是处于某个垂直市场上的，这样的垂直市场究竟可以容纳多少平台、多少企业生存，值得创业者深入研究，因为只有抓住这个答案，你才能认识到行业内现有大平台的扩张临界点。

你可以利用对以下因素的了解，去发现可以精准进入的市场空白区。

1. 计算用户改变的成本

用户从原有的市场平台进入到你的垂直市场中，需要花费转换的时间、精力和工具成本。因此，你需要挑选那些用户改变成本较低的市场，从而提高用户改变的可能性。例如，同样是内容提供为主的市场，微博市场中用户的改变成本就比较高，因为他们已经投入了一定的时间和精力去适应和营建自己的微博，因此，原有微博平台的扩张临界点就不容易为你所利用。相反，新闻服务的市场就有不同，用户单纯地更换新闻门户网站是比较容易的，因为对他们来说，成本比较低。由此可见，挑选一个改变成本较低的市场来扎根垂直是非常重要的。

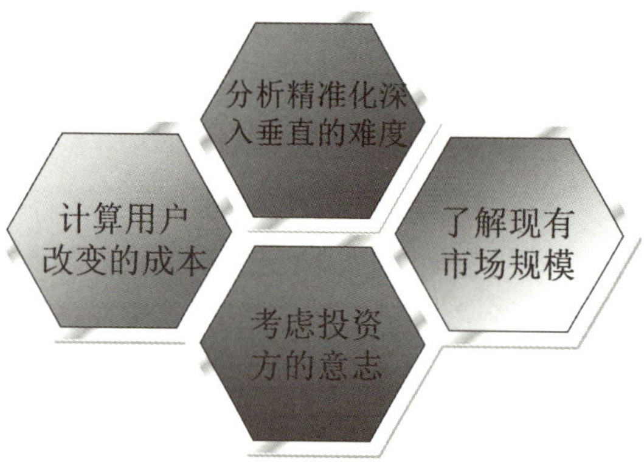

2. 分析精准化深入垂直的难度

任何互联网创业团队用于开发网站的精力和资源都是有限的，因此，你必须选择那些比较容易精准进入空白点的市场。例如，现有市场中的平台企业没有太高的门槛、没有建立技术壁垒、没有养成很强的用户黏性等，就适合你精准化进入，寻找空白的垂直市场。反之，就应该考虑放弃而另寻方向。

3. 在寻找深入垂直市场之前，考虑投资方的意愿

站在投资方的角度，他们希望自己投资的垂直型企业尽量不要重复，因为如果手中有过多的同类型投资项目，就很可能难以获得良好的投资收益。因此，当你试图进入某个细分垂直市场之前，必须先和投资者团队有所接触，了解他们对于这个市场的看法，明确他们的容忍程度，然后再形成正式的计划。

4. 了解现有市场规模

今天，互联网创业过程中本身就包含对模式的选择，包括 B2C、B2B 和 C2C，还有纯电子商务交易、搜索引擎、工具社区、价格对比模式等。因此，如果你发现一个市场的模式足够大，能够带来足够的细分垂直市场，那么就说明这样的市场中有不少扩张临界点，而这些临界点之外的空白市场也是相对较多的。

5.5 垂直市场中的水平化思维

对于互联网垂直创业，不少人最简单、最直观地将之理解成为创业项目的存在价值，是为了企业或者其他商户提供线上的营销，最终为企业或商户带来消费群体和利润。因此，不少致力于互联网垂直创业的企业家进一步认为，只要想办法从线上吸引到某个特定行业特定用户的消费，就是垂直创业的成功表现。然而，这种简单地将互联网和商业相加所形成的思维模式，并不适用于垂直创业。垂直创业更需要综合性的思维，需要对创业中企业所获得的交易额度、消费者表现出的购买频率进行仔细分析研究，才能将不同的商业思维中不同的优点加以结合，形成对创业者有利的思维模式。

换而言之，垂直市场创业更多需要一种与众不同的思维方法体系，而不是简单地追求概念和表象，垂直市场并非刻板的模式能够直接模仿，而是需要创业者对思维方式加以深度理解。这也从侧面说明，互联网对垂直市场的重视，其实是对整个互联网商业生态进化所起到的推进作用，意味着对传统概念的颠覆和重建。

互联网下的垂直创业，同大工业时代的垂直行业是有所不同的。在大工业时代，垂直行业建立于工业化、规模化、自动化的基础上，之所以需要垂直，是因为社会化的大分工状态，能够利用大规模来解决企业成本和效益的问题。因此，可以说是流水线的分工使得垂直行业得以建立，并形成集约化的优势，让整个社会的经济发展和物质供给获得迅速提升。

然而，伴随互联网的到来，原有的以行业分类进行垂直创业的形式，在当下并不完全合适。相反，只有将垂直创业和水平思维联系起来，才能获得成功。

雷军创建小米之所以获得成功，在于其重度垂直的模式，包括零库存和按需定制的供应链管理、垂直的渠道成本，以及基于社会化媒体的零成本营销等。这样，小米才能从竞争激烈的智能手机行业中突围而出。

但当小米手机取得成功之后，并没有就此止步，而是将水平化思维和垂直市场结合起来。2014 年 10 月，小米推出新的四款智能硬件产品，分别是小蚁智能摄像机、小米智能插座、Yeelight 智能灯和小米智能遥控中心。除此之外，小米还向媒体和公众发布了小米智能家庭解决方案，虽然这只是一个聚合 APP，但却能够在一个 APP 中操控家庭中不同的智能产品，做到一键快速链接。其中设置有不同的智能硬件相互联动的功能，而不再被动地接受路由器、手机系统和品牌所带来的限制。

另外，小米还将和其上游厂商进行更深入的合作，从而向硬件创业团队和电器生产商提供低价或免费的 Wi-Fi 模组，从而让这些硬件都能被改造成为智能硬件，得以纳入小米所打造的智能家居布局。

看起来，小米正在做的事情和其创始人雷军所提出的“专注、极致、口碑、快”七字诀有所矛盾，但事实上“垂直”中的“专注”并不应该解读为单一产品。小米除了手机领先同行之外，其路由器、小米盒子、充电宝在业内销售成绩也是相当出色，加上目前正在构建的生态型公司，让我们有理由相信，小米的七字诀指向的是“分层垂直”而不是“单一垂直”，即垂直于某个特定的人群，而并非只是垂直于某个行业或产业。

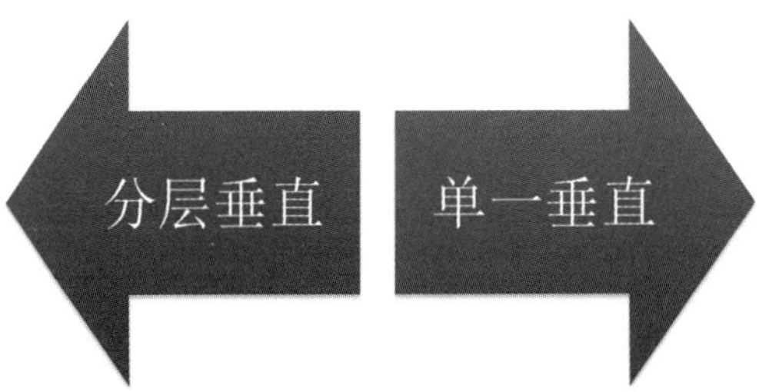

分层垂直，意味着先垂直，然后进行水平思考。当越来越多的行业进入垂直竞争状态后，面临着重新进行组合的市场结构，创业者不能将现有的业务简单粗暴地搬到线上，诸如物流和支付向线上的移动，更不是移动互联网上的思考。创业者需要的是将垂直和水平两者结合起来，从而更深刻地把握企业发展中的业务。

从理论上来说，如果创业者打算开发的是垂直市场，那么你当然可以为这群专业的、有特定需求的用户带来更好的体验，而不需要像针对普通的水平市场那样寻求满足不同的需求。但事实上，在很长的过渡阶段中，许多垂直市场中的产品或服务，又需要借用和吸收水平市场的思维，来获得更多的利润。

垂直市场对水平思维的借鉴程度，主要来自于对两个至关重要的因素的评判：交易额度和购买频率。而具有代表性的是下面两种对垂直市场的分类方法。

1. 高购买率垂直市场

快的打车或者“饿了么”这样的公司，面对的正是高购买率的垂直市场：发生的购买频率较高而交易额度较低。在这样的市场中，公司想要获得成功，必须要确保用户每天或者每周都会数次使用这些服务，顾客更希望从这些高购买率垂直市场的产品或者服务中，获得充分便宜的价格、高度的便利和可以确保的质量。

为此，创业者应该将有关上述因素的关键业务从垂直架构中进行扩展和剥离，并进行横向联系、水平拓展，大幅度降低边际成本，并以此确保产品或服务受到顾客的检验。

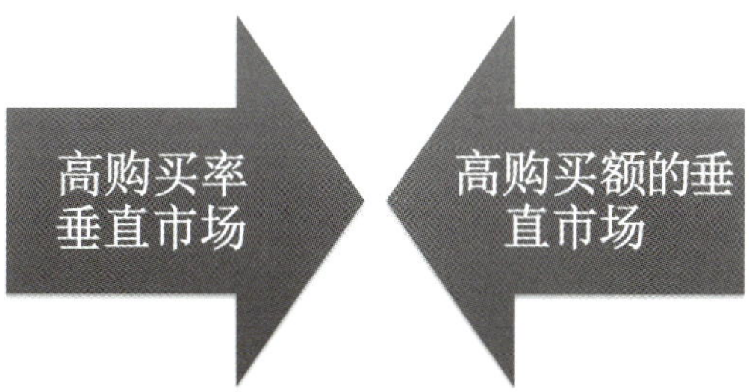

2. 高购买额垂直市场

高购买额垂直市场，主要包括奢侈品、汽车或者旅游这些垂直型的市场。这些市场所提供的产品都是价格相对高昂的，相比高购买率垂直市场所提供的高效率而言，用户在高购买额垂直市场中所需要投入的金钱会更多，对产品质量和服务水平会更加看重。因此，在这个市场中企业所侧重投入成本的方向就会和高购买率垂直市场有所不同。

但问题就此出现，怎样将上述两种垂直市场带给企业的优势结合在一起？答案就是垂直市场的水平化思维：

1. 将垂直市场进行水平化捆绑

作为创业者，你所提供给市场的服务中会包括一些交易额较低而频率也不会太高的服务，你可以将这类服务全部都捆绑在一起，形成更加扎实的垂直市场。例如，家政平台中包含了水暖工、电路工、家电维修、家庭保洁等服务，这些服务所形成的各种互联网中介产品既非高交易额，也非高购买频率，但当你将它们捆绑在一起形成水平化市场时就会发现，由于你面对的是垂直人群共同的需要，很容易得到更大的市场潜力，获得进行交叉销售和服务的可能，也大幅度降低了你的成本。

2. 对顾客的注意力进行区分判断

不同的情况下，顾客的注意力有着不同的意义。例如，在同一个平台如家政服务平台中，顾客不愿注册不同的账号登录你的网站来获取产品，因此，你需要将他们的账号集成在一个账号中，从而确保只需要登录一次就能获得整个平台上的服务，顾客的满意度将会因此而迅速上升。但在另一些情况下，又需要对他们的注意力进行有效分散。例如你提供的产品可能是多样化来源与用途的，包括小家电、食品等，这时你可以为不同的产品或服务进行不同的命名，从而让顾客意识到自己虽然在同一平台上，购买的又是不同垂直市场中的对象。

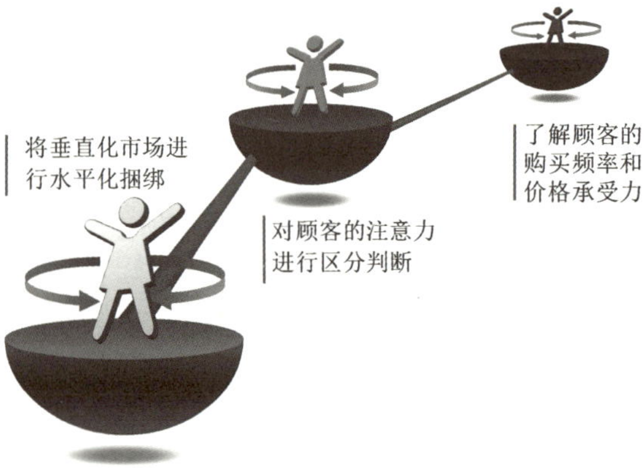

3. 了解顾客的购买频率和价格承受力

为了准确把握垂直和水平的结合程度，你需要为自己的产品或服务构建最佳的市场模型，即对顾客的购买频率进行统计，并了解他们愿意为产品和服务支付多少钱，以这两种标准来建立四个象限：高频高价、高频低价、低频高价和低频低价。如果你发现自己能提供的产品或服务项目中有低频低价的，那么你就需要找出并提供可以与之绑定的产品或服务，让它们相互组合搭建成为更大的平台，确保用户可以在平台内部进行流动，这样就能实现垂直市场的水平化。

例如，你发现自己所经营的一种电动剃须刀主要是面向普通高校学生等低收入人群的，其价格较低，而且购买频率也较低，这种情况下一味建立垂直市场显然是不明智的，你完全可以将之同其他产品进行结合。例如对于学生而言，高级服饰（低频高价）、外卖服务（高频低价）或者智能手机（高频高价）等产品与这种电动剃须刀结合，就能形成良好的平台，从而始终将高校男性学生“捆绑”在你的销售范围内，而这也正是垂直市场水平化思维的意义所在。

Part 6

用户购买的核心是私人订制
——垂直创业之人群垂直化

6.1 小网站的曙光

进入互联网时代之后，人们的社会关系变得更加复杂和密切，垂直创业者想要了解用户人群，就必须要了解社交的特点及其垂直化倾向。

在互联网兴起之后，人们不再满足于只是同身边的亲朋好友、同事同学联系和互动，人们需要和有着相同兴趣或者从事相同事业的人打交道，即便这些人原本是素不相识甚至远隔万里的。这种“物以类聚、人以群分”需求的互联网化，意味着用户需求的升级，也是垂直社交需求的最好概括。

相比之下，传统的互联网社交难以满足用户类似的需求。设想这样的情景，当一个人想要围绕自己感兴趣的学术领域或工作范畴，在 QQ 群里面抛出一个专业话题，但换来的不是驴唇不对马嘴的调侃，就是令人难堪的沉默，这样的社交圈子当然是不完美的，因为它难以满足用户不断提高的互联网体验需求。相反，在垂直社交网站中，看起来缺乏“现实基础”的社交行为，却能够对受众用户群体带来相应的满足，这是因为受众群体们被贴上了一致的“标签”而感到心气相通，从而凝聚成团。这样的心灵感受，才是社交的深层次体验。

有了这样的共同体验，垂直社交网站才能够有更大的盈利可能。这是因为当用户群特征分明而有着清晰的属性时，针对性的精细化营销才能充分开展，营销的传播力度和用户向顾客的转化率才能变得更高。因为无论是广告还是活动，都会在这类社交网站中变得更容易传播、产生更大的价值，而这类网站也无需抓住所有人的兴趣，只需要抓住某一类人群，将自己做得更加专业、细致和精准，就能黏住用户群体。

星云网将自身定位为垂直文化娱乐社交平台，其中大部分用户都是文化娱乐圈中的活跃者，包括演员、歌手、模特、编剧、作家等，也有众多有志于加入这个圈子的年轻人。星云网并不是一个“大”网站，创始人马月学设计出身、做过几年T台男模，直到2014年9月，整个星云网团队也只有19名员工，其中还有10名是技术人员。然而，正是这样一个“小”网站，却获得了上千万元的天使投资，参与的投资人还包括黄晓明这样的专业娱乐圈人士。

星云网的成功来自于他们对文化娱乐圈的重度垂直。因为这是一个垂直的“小”网站，许多明星演员反而更愿意来这里和粉丝互动，因为过滤掉了微博上那些必然存在的杂音，明星们不会被“水军”骂来骂去，收获的都是真心的赞美和关注。另一方面，星云网还扮演了文化娱乐圈中不同人进行沟通交流的平台，除了一线明星之外，星云网站中活跃着大量表演、模特、剧作家和摄影师等细分垂直领域的用户，他们相互之间不仅需要沟通切磋，也需要有人提供好的工作机会，获得好的发展资源，这是其他网站无法提供的。

由于有着垂直社交的属性和大量相关资源，星云从一开始就没有疯狂烧钱，而是把收费模式充分利用起来。“星级会员”定价不菲，分为1980元和3980元两个档次，而付费效果比想象中要好得多。马月认为，中国有着相当数量的文化娱乐圈从业者，只需要抓住这部分用户，星云网就能够做成相当大的商业规模，即使它看起来始终是个“小”网站，但却能够因为对用户群的细分而实现盈利。

除了星云网，目前正在走向成功的还包括体育、电影、户外运动等垂直领域的社交网站，这类网站可以集中解决某类用户的需求，它们不再参与到大型互联网门户的战争中去，因为垂直社交更值得挖掘。

当然，并不是所有的垂直社交需求都适宜用来做互联网创业，更不一定适合做移动互联网创业。你需要考虑自己是否具备下面这些因素，才能迎接小网站的曙光。

1. 是否能找到准确的“一群人”

垂直社交网站想要成功，必须要找到互联网上的一群人，他们有着明显的特征、集中的需求，能够为你带来准确的产品标签。

然而，仅仅这些因素并不够，你还要考虑这群人究竟有多大数量，是否足够支撑起你的APP，而即使你确认他们的数量足够，也要考虑他们的数量能不能带来充分覆盖成本并获得收益的价值。总之，你需要将单用户价值乘以用户数，才能最终得到垂直人群的价值，这是垂直社交小网站最需要考虑的基础问题。

2. 垂直社交小网站必须要提供明确的功能

在创业基础条件已经具备的情况下，开发一款有可能成功的垂直社交产品，需要一个聚焦的主题。有了主题，需要提供的服务就能成型。为此，你必须深入分析在你的垂直社交网站上的那些用户，他们到底想要做哪些事情，获得什么样的收益，这将会成为你的网站和APP的具体发展方向，这样的方向应该和你的平台、产品捆绑在一起。

3. 垂直社交产品必须要和普通社交工具有所不同

你的垂直社交产品必须要能和普通社交工具有所不同，无论是利用用户对专业性的追求，还是利用平台上提供的相关资源，必须要让用户能有效地长期停留在网站上。例如用户去雪球网，想要做的不是打发时间或者漫无目的闲逛，而是希望获得投资理财等专业的相关信息。换而言之，只要他们继续投资理财，就会继续选择长期登录雪球网网站或 APP。这样，你就不会面临被 QQ、微信这些传统社交工具“霸占”用户的社交时间的困境。

4. 垂直社交网站还要学会给用户“画像”

当你的产品上沉淀了足够的社会关系，并且有了相应的转移成本，用户们不会再轻易改变之后，你依然需要不断为用户“画像”。因为用户的需求不会始终不变，而小网站的优势在于能够让产品和服务不断随着用户的改变而发生变化，你必须经过不断地反馈和实践，确保产品始终维系着你的用户群体，而这些用户群体又是根据数据勾勒出来的，这才是最有价值的用户群。

6.2 从业务垂直转向人群垂直

数年之前，京东创始人刘强东预言：垂直的电商没有出路！言下之意，大平台、大门户只要愿意，也能够做到业务的垂直，而做产品垂直的电商乃至任何其他网站、APP，在强大的资本实力面前，都会被完全击倒。

人人网的“衰落”似乎印证了这一点。当初以“中国的 Facebook”形象出现在美国纳斯达克并高调上市的人人网，目前市值已经从 70 亿美元跌到了 10 亿美元，而公司董事长陈一舟也用实际行动推翻了“人人网不会私有化”的承诺。

人人网发展过程中，并没有错过移动互联网时代的任何垂直产品：在团购热门的时候，人人网成立了糯米网；网页游戏和手机游戏受到追捧时，有了人人游戏；职场社交、匿名社交时，人人网成立了经纬网和哗哗；微博兴起时，人人又开始打造垂直的新闻内容属性……人人公司认为，打造垂直社交产品的成功关键，在于不断地扩充新服务、新功能，从而将现有平台和用户基础加以充分利用，但正是由于这些看似垂直但却散乱的产品布局，导致人人网对自身的社交平台定位发生混乱，用户们发现自己在人人网平台上难以找到准确的描述和定位，也就选择了离开。由此导致缺乏原创内容的生产，不少用户表示，打开人人看新鲜事，几乎全都是清一色从微博、豆瓣和知乎上转来的，谈不上有什么输出。而人人网的另一个名字曾经叫“校内”，主要是维护校内关系。但校内关系并不是一个集中、稳定的垂直人群，随着学校生活结束，校内关系将迅速被社会关系所取代，而原有的垂直产品也将由于人群的“解散”失去基础市场。

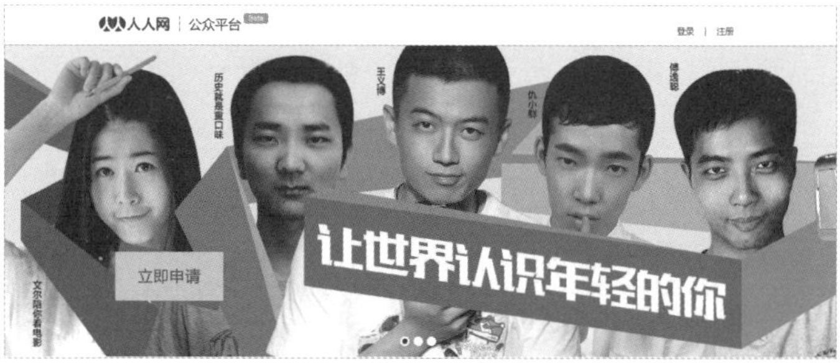

人人网高管曾经将问题归结为微博、微信等社交产品的出现。的确，这些大平台上的新型产品显然导致了人人网用户数量的分流，但之所以如此，问题恰恰在于人人并没有将眼光放在垂直人群身上，甚至连真正的校园 90 后也在远离人人，因为他们发现人人并不是专门为他们服务的地方。或许是意识到这一点，2014 年，人人提出重新回归校园和面向年轻人群，不再试图满足多种垂直需求，而是朝向特定人群进行垂直服务。

从人人的发展过程中可以看到，垂直网站的发展存在着其自身规律，其中最重要的一条在于：不要只做垂直产品，更要做垂直人群。

与此同时，小到文艺爱好，大到车友驴友，众多创业网站随着对垂直人群的准确定义和把握，正表现出欣欣向荣的景象。“YOHO！有货”作为一个专门做潮品零售的电商，近年来发展迅速。他们的成功就是通过经营上百万的垂直人群来做垂直网站。

YOHO! 有货通过下面的方法实现了垂直人群的打造。

1. 通过潮流杂志对其加以引导

潮流人群大都是年轻人，他们需要被时尚风潮所吸引和引导。YOHO! 有货在自办杂志上不断向用户群推出新产品和新理念，让年轻人感到有趣的同时，也经受了思想上的培育和引导，形成特定的潮流人群。

2. 通过电商人群打造人群核心

YOHO! 有货在电商平台上重点扶持了四百多个设计师品牌，根据设计师个人的实力不同，平台和设计师的合作与分成也有所不同，并以这一批品牌打造了相同的潮流用户的核心。由于这些产品和设计师有着同样的调性，潮流人群的核心也得以打造起来。围绕产品和设计师，大量的人群能够在 YOHO! 有货平台上集中。

3. 举办线下展会

每年秋季，YOHO! 有货都要在线下举办潮流站，展示一百多个潮流品牌，两万多用户参加，现场有上千万的销售额。更重要的是，线下展会能充分集聚人气，让用户在线下的活动中得以建立固定情感和关系，并形成平台的支持力量。

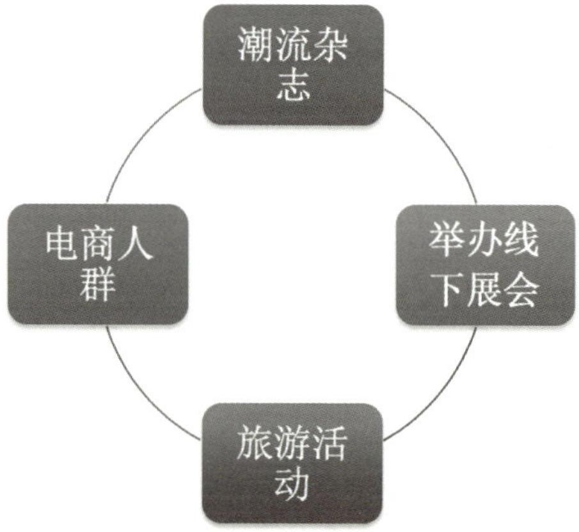

4. 组织旅游活动

在计划中，YOHO! 有货还打算专门为潮流人群用户开辟去中国香港、东京和巴黎等不同都市的旅游专线，其中的项目主要是逛时尚商店、购买时尚商品。这样的线下活动虽然没有多大的销售额，但由于强调了用户追求潮流的属性，对巩固网站的忠实用户群有巨大好处，也得以让用户更进一步意识到自己的需求。

YOHO！有货有着坚定的垂直人群用户，所以他们从来没有被淘宝、京东所压制，恰恰相反，淘宝还经常主动和 YOHO！有货合作来上架潮流产品，这恰恰说明了关注垂直用户的重要性。

在对人群进行垂直化细分的同时，并非仅仅通过流量细分的手段就能实现的，从业务垂直向人群垂直转化的过程中，创业者应该关注下面的关键指标。

1. 活跃用户指标，包括 DAU（日活跃用户）、MAU（月活跃用户）。这两大指标通常是用来衡量用户黏性高低和服务大衰退周期的。从 MAU 来看，主要是从宏观角度、战略层面来关注垂直人群对网站的黏性，而 DAU 则更多是从微观角度、战术层面来判断。通过这两方面的趋势变化，就能判断出创业之后垂直人群转化成为用户之后的表现。如果你提供的产品和服务足够满足垂直人群的实际需要和场景需要，也会直接体现在这两大指标上。

2. 获取用户的成本应该在逐步减少。如果企业所打造的平台或 APP 有着良好的口碑和品牌效应，那么随着业务的发展、产品的推广，获取用户的成本应该是逐渐减少的。创业者不需要进行什么“烧钱”行动，而是要将有限的创业资源集中在如何降低获取用户成本的重点问题上。可以说，垂直人群的集中，虽然有可能成为创业的短板，但更可能成为优势。

3. 对垂直人群进行具体发掘和引导，包括下面几种模式在内的技巧都可以加以充分利用。

对相关专业人群的属性进行充分彰显和维护，并为其专业标签和需求做出细致、深入的服务。

每年做 20~30 个在线活动，从而为网站或 APP 的垂直人群提供集体交流、成长的机会，这些活动包括培训、展示和招募、研讨等，还可以采用一些娱乐化的形式，如影视剧拍摄等。

在垂直人群中努力建立起角色和角色之间的协作关系，从而让整个企业的用户人群能够在相互协作中共同成长。

针对人群内部的不同特点，建立专业的人才库系统，这样的系统能够将网站用户中不同特点、不同水平的用户进行多样化、多角度的二次梳理，从而更加精细地开展针对性的营销活动。

要为用户人群提供专业化的服务工具，通过移动端 APP 的运作以及线下实体店、线下服务的运作，确保在垂直人群的维护、管理和利用上做得更好。

6.3 用户在哪创业就在哪

在今天的社会中，许多人可以做到少吃一顿饭、少参加一次娱乐活动、少睡两个小时觉，但他们却无法做到离开互联网，更无法回避互联网对生活带来的力量。反之，用户作为特定人群，他们所具备的影响力，也超越了传统的概念，成为当代最能够指导互联网创业、最有效力明确垂直商业形态发展的有效力量。

根据凯度全球调研集团所发布的报告指出，目前，互联网和手机 APP 的深度使用群体，正在从大城市中接受过高等教育的年轻群体，迅速扩张到更小城市、更多年龄组别和中低档教育水平的人群中。另外，伴随着中国人越来越多使用移动互联网，特定人群中的核心群体具有比以前更大的影响力，在新的互联网商业时代，这样的特定人群，能够更大程度地决定垂直创业的成败。

贝贝网创始人、CEO 张良伦，先后创办过米折网、米券网等网站，而正当米折网获得了千万级的融资之后，张良伦却将创业目光投放到特定人群构成的用户群体上——母婴市场。

2014 年，贝贝网正式创立，面向的是 25 岁～40 岁的妈妈群体。张良伦认为，母婴市场有其天然的特殊性，这是因为对方大多是家庭中相关消费的主导性、决定性人群，抓住了这些妈妈，就等于抓住了许多个家庭的消费主力。而这样的客户影响力，是其他垂直领域的互联网企业所不具备的。

为此，张良伦决定，妈妈用户们需要什么，贝贝网就提供什么样的深层次服务。通过市场调研发现，整个母婴市场销售数据虽然在增长，但直到其创立贝贝网为止，并没有一家母婴企业能够有效地通过 B2C 的方式吸引这些妈妈用户，这也意味着未来市场发展空间会很大。

为了抓住妈妈们的心，贝贝网开始用不同的办法从巨头手中抢夺用户。2015 年下半年，贝贝网提出“千家大牌 19 元起”、“满 300 返 300”的口号。在口号之下，是网络平台上母婴全品类商品价格的价格拉低，这样的价格战，让贝贝网的 713 活动单日订单量就突破了 100 万笔。

价格战并非注定就是烧钱赔钱的游戏，只要打得好，目标准确，一样能收获很多。张良伦承认，这次发动价格战，为的就是将关键客户群体从京东、唯品会这些巨头的平台上抢过来，而并不是和同行竞争。这是因为天猫、京东、唯品会这些巨头网站已经垄断了母婴互联网产品的 80% 以上的用户，贝贝网这样的垂直平台虽然数量上升，但市场份额却很少，其中很大一部分原因，就是在于巨头平台上的用户已经有了多年积累下来的消费惯性，不会轻易尝试新平台，更何况母婴市场几乎是由影响力最大的妈妈用户们所主导的。这就要求贝贝网即使亏钱，也要将用户抢到手，然后再用高性价比和高质量服务，将用户们留下来，只要留下一个妈妈，就能留住整个被她所影响的家庭消费力。

除了抓住妈妈作为最重要的用户之外，贝贝网的创业模式还进一步抓住了用户的需求。和贝贝网同期上线的类似垂直网站并不少，他们大多是用奶粉、尿裤等标准产品作为切入点的，只有贝贝选择用童装、童鞋这些非标品进行切入。这是因为身为妈妈的垂直用户群，不可能只关注奶粉、尿裤而不关注童装、童鞋。贝贝网正是及时以价格战发起者和主导者的形象出现在用户关心的领域，才进一步确立自身领跑优势。

此外，在上线之初，贝贝网就清楚地认识到妈妈用户关心产品的品质，因此，他们对所有进驻平台的商家进行严格资质考核，从招商评估开始，要求商家能提供所有合法文件、证明作为硬性门槛，其次再通过平台自身的力量对商家提供的产品进行审核，包括从图片、价格到样品的一系列检测，最后，到实际营销活动中，由贝贝网的运管和品控人员进行匿名购买，监管商品质量。

之所以要这样做，正是因为质量和价格是妈妈这一垂直用户群体所关心的问题。张良伦经过市场调研分析发现，贝贝网主要面向的客户是具有一定消费能力、素质较高的年轻女性，这些妈妈大多眼光挑剔，而且经过市场的教育和信息的传播，已经有了相当丰富的挑选商品的经验。她们在选择商品时，第一是讲究产品的品质保证而并非单一追逐大牌，第二是习惯于进行价格比较、保证性价比最大化，因为毕竟这些产品是需要不断重复购买使用的。

基于对用户群体的了解，贝贝网做到“用户在哪里，创业就出现在哪里”，他们并不是一味地效仿业内的成功者，而是抓住垂直人群的影响力来构建自己的品牌。

通过贝贝网的案例，创业者可以收获下面的启示。

一、对垂直人群用户的区分很有必要

在传统商业时代，用户人群的区分标准，还有营销者故意或刻意创造的痕迹，但在互联网创业时代，垂直人群用户的形成，是自发的，是需求主导的，他们将是创业成功的关键所在。

创业者必须意识到，在互联网时代，每个人都会被贴上不同的标签实现“互联网化生存”。无论是因为他们的天性，还是商业营销的需要，你必须要让用户对产品和其自身的联系产生强烈的认知，因为他们只会对认知之后所熟悉的区别有强烈的感觉。为此，创业者如果打算“为某种人群”提供产品或服务，不仅需要有意识地寻找到合理的市场切入点，进行产品营销和商业化网络社区的建设，还必须从创业开始就有意识地在宣传过程、商业文化建设以及产品和服务的价值塑造过程中凸显你的用户和其他人的区别，并引导用户与投资人意识到他们自身的不同点。

二、通过场景来找到特定人群

如何从不同的地方找到具体的特定人群，并发现他们的需要？下面两种维度是你可以做延伸发展的方向：

1. 以互联网消费的具体场景作为基础，然后向不同类型、不同层级的用户进行延伸。你也可以先设定一个合适的用户群体，其特征应该是容易切入、容易产生最大价值，同时积极思考这些用户群体所遇到的消费场景包括哪些，其最终解决方案应该是怎样的。

例如，滴滴专车首先找到这样的人群：他们的职业并不相同，但在城市中需要随时租乘轿车但又不满于出租车的服务质量。据此，滴滴专车在其业务发展领域，对用户做了足够的培育，包括“私家车更为舒适”“私家车主是可信的”“拼车出行是环保行为”等，这样，就能围绕其特定人群的需要，形成满足出行场景的最好方案。

2. 以垂直人群作为基础时，要注意先挖掘特定人群的高频需求，然后再做有充分深度的需求挖掘。例如，奶粉、尿裤和童装、童鞋，同样是妈妈人群的高频需求，因此不能有所偏颇，而要像贝贝网那样，做到推出完备的产品和服务。同时，集中挖掘人群的高频需要，还能充分利用你获取用户的成本，并能够由高频需要的业务延伸到人群相关的其他场景。

6.4 我们眼中必须只有一类人

必须承认，互联网创业初期的动机，往往来源于用户的“痛点”。这个痛点可能很小，以至于即使其多次出现在生活中，用户也有可能没有留意，但当产品有效解决了这个痛点时，有可能就会让他们意识到产品的效用，从而创建属于你的用户群。

然而，创业道路注定没有那么简单，痛点并不决定一切。当创业者和他的团队（尤其是背景相似的团队）将自身所接触的社会人群调研充分，并自以为找到用户痛点的时候，他们有可能走入了两种方向的误区：或者是非常狭窄的小类人群，在创业之后根本无法支撑你的产品和服务；或者是特征根本不明显的人群，即使产品解决了某些痛点，却难以形成高转化率……上述两种情况都说明，只是依靠痛点来进行创业目标设计并不全面，因为几个人的痛点，很有可能无法代表一个人群，你需要做的是将目光真正集中在“一类人”身上，并将你的想法传递给他们，了解和判断是不是真正代表了他们。要知道，目标人群有多大，你的创业潜力就有多大。

垂直化网站，顾名思义，本身就应该是针对特定人群的网站，这样的网站应该是综合性的社区，其内容应该专业而精深，尤其应该促使用户形成能够界定的、特定的用户群体。划分这些用户群体，对于创业者是很有意思而且具有实际意义的事情。划分标准包括他们的社交属性、行业属性、家庭角色属性、休闲娱乐属性等，这些属性加上用户的年龄、性格、学历和层次等，就能够划分出更细致的用户人群。

麦淘亲子游网站就是以同一种人群来定义产品和服务的。在麦淘眼中，用户个体，无论是出国旅游还是郊外旅游，其差别只在形式上，而真正的人群相同点只有一个，即打算带着孩子一起出游的人。麦淘正是将这些人的共同需求，作为自己开发的方向：专做亲子旅游市场的 C2B 反向定制，由用户向麦淘提出信息，再实现供应商对用户的批量化定制。

由于采用了正确的思路，目前，麦淘产品相对完备，其中有城市周边的短期周末游，也有出境的长线游，还有适合亲子游的海洋馆、恐龙馆、农场体验、攀岩训练和骑行等。考虑到亲子家庭和普通游客不同的需求，麦淘网还为两个孩子的家庭提供加床、加自助早餐券服务，并考虑到儿童的体力状况，避免出现过多的景点、活动或者过于紧密的行程，而是根据亲子家庭旅游的共同需求，提供更多能够产生互动并丰富儿童体验的项目，例如大人和孩子一起做游戏、学习民俗民风活动等。

麦淘 CEO 谢震提出，参加亲子游的人群虽然有着个体的不同，但对其中成人而言，这是满足社交属性的一种最好平台，是高效、多维的社交活动。这个人群有着相似的背景、文化、收入和社会地位，交流起来有更多的语言。用户之间的相处互动，会带来真正的友情。因此，麦淘在官网上还推出了中欧商学院、复旦校友等类型的“小集体”亲子游专场。

怎样让你的网站获得越来越多的“同一类人”？下面是正确的操作方法。

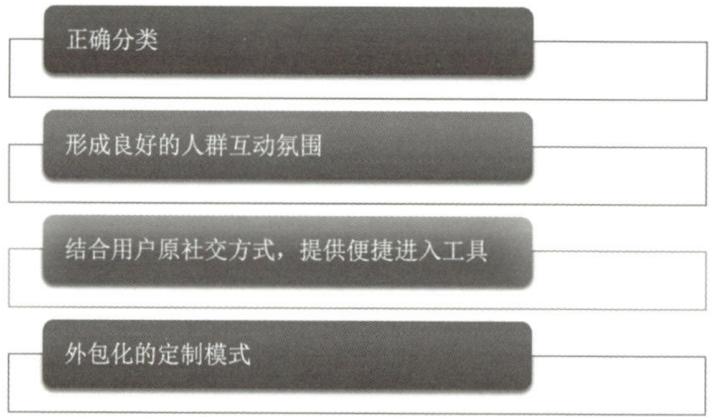

1. 正确分类

可以将“同一类人”划分成为两类：一类是内容创造者，另一类是内容使用者。将这两类用户进行针对性的吸引和划分，从而促使他们形成相同性质的人群，并在网站的社区中进行服务交换。此外，创业者还应该注意用利益驱动其中的内容创造者，例如采用奖金政策、优惠政策等，让人群中的内容创造者获得激励，乐于发挥其引领作用，从而强化人群内部的用户关系，使得内容的供应能够更加丰富，而整体人群对内容需求的响应能够更加充分、更加及时。

2. 形成良好的人群互动氛围

想要对同一人群进行专注性的服务、提供垂直化的产品，就要有效增强用户的黏性，而其中关键的一点是利用人群共同的社交属性，形成良好的互动氛围。

形成圈子和社交关系。在你的用户群体中，促进良性互动，让网站或 APP 的用户形成稳固的社交圈子、人脉关系。例如，你可以开发站内的联系工具，或组织线下活动、进行线上讨论等。当这样的网站形成社交关系时，同一个人群的用户黏性就会实现质的飞跃。

形成拥有共同兴趣的“小集体”。大量的互动，会让同一个人群内部成员相互结识，并形成自己的“小集体”，这些活跃的小集体成为人群内部交流内容最多的地方，也形成了个体成员在感性上对人群的归属感。因此，创业者可以在自己的平台上提供更多“小集体”诞生的平台，例如讨论组、版块、兴趣圈子等，这些小集体能够高效吸引成员，并由此打造出一个人群的“大集体”。

3. 结合用户原有参与的社交方式，提供便捷的进入工具

每个网站将垂直人群组合成为“同一类人”时，都面临着搭建平台，然后将用户转化成为客户并引入自身商业模式的问题。为此，你需要有一个能够实现导流进入的工具。

例如，你可以按照用户的具体特点和需求，构建不同的QQ群或者微信群，由“同一类人”中的老用户，在群里面向新成员征求意见，并形成汇总，再反馈给企业，最终将人群导入企业打造的平台中。

选择QQ、微信等工具进行沟通，可以让用户们在真正进入平台前就已经产生良好的内部互动，强化其社交属性，也让每个人都有更强的参与感，让所有人明确自身需求，并产生一致认可。这样，“同一类人”效应就会更快体现出来。

4. 启动外包化的定制模式

当你拥有了“同一类人”的固定用户群后，可以考虑将具体产品的设计、营销都外包给其他企业或组织，自身则主要负责在固定用户群中搜集需求、积聚人气以及筛选供应企业。这是因为“同一类人”的客户群能够保证客户的参与数量，而供应企业也就能够放心地进入你的平台提供产品或服务，不会为了盈利而降低质量。通过这样的模式，你的平台就能在个性化、集体化、品质化和低成本等因素中找到最好的平衡点。

6.5 垂直人群的五步过滤法

纵观全世界的商业发展历史，每次行业的发展节点和变化关头，都会给相关消费人群的观念和行为带来改变，并以不同的形式或者潜在、或者强制地重新构建消费者群体，形成新的产品、服务种类，并直接造就新生的强大企业，其中包括汽车、智能手机，同样也包括互联网商业。

因此，想要及时把握垂直行业趋势和消费者群体的需求，就要对垂直人群进行定位和分析。这并非是要求创业者努力满足不同人群的所有要求，而是首先从茫茫人海中“过滤”出最合适、最匹配的客户群体，集中创业资源加以运作，去满足这部分客户的需求。

然而，多元化的社会中，垂直人群不可能只用一个标准就能够过滤得出，对人群进行的过滤必须是多方面的。例如，从性别上看，男女客户的心理需求、实际需求就有着天壤之别；从年龄上看，老年人、中年人和青年人也有不同之处；再从消费层次来看，不同的消费习惯也会影响人群的划分；而收入高低、职业类别等，也会体现在人群对品牌的追求上……只有在有效过滤下，精准定位属于你的消费人群，才能将他们发展成为你的忠实客户。

用过滤方式来区分人群，需要从需求、性格、年龄、习惯、购买力五方面的标准来分析。针对上面五方面，创业者分别提出这样的问题：最喜欢什么、最适应什么、最追求什么、最习惯什么、最能接受什么。

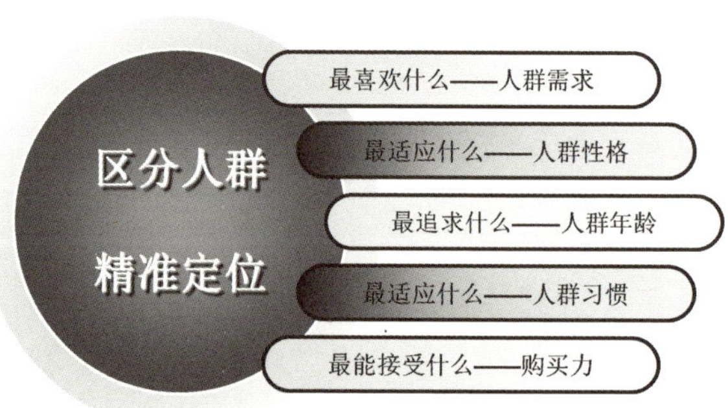

1. 最喜欢什么——人群需求

创业者要明白，正如同鱼饵是让鱼上钩的关键因素，在对人群进行过滤时，首先应该了解他们最喜欢的产品或服务，这就是垂直人群的需要。

垂直人群之所以会成为你的客户，是因为他们发现你帮助他们满足了需求。当客户们发现自己无法解决的烦恼能通过你的产品或者方案解决，或者他们最想要的利益和状态能够在你的平台上得到时，他们自然会对你的服务和产品心动不已，因为你提供的恰恰是他们最喜欢、最希望拿到的东西。

因此，不妨去思考你能够帮助用户解决什么样的烦恼、提供怎样的利益，从这些因素出发，你将通过人群需求，直接对垂直用户群体进行初步筛选。

2. 最适应什么——人群性格

即使在互联网时代，性格依然是判断用户是否属于消费人群的重要标准。性格是指一个人特有的心理素质情况，可以用刚强或者软弱、热情或者冷淡、外向或者内向、创新或者保守等等去进行描述。你应该根据自身产品特点和商业模式运行特点，去寻找最适合的用户性格，然后以此为标准进行过滤。

例如，奢侈品的电商垂直平台，最需要的人群往往是冲动性格的人，他们在购买产品时更多表现的是大胆和自信，而和儿童有关的服务网站，最适合开发的垂直人群性格应该恰恰相反，你需要的是那些谨慎、客观而且头脑理性冷静的人群，他们会成为你最忠实的顾客。换而言之，你必须要知道你的产品最适应哪一类性格的人群，这样才能准确对其进行定位和筛选。

3. 最追求什么——人群年龄

用户的年龄和性别不同，也会对其追求产品的需求产生明显改变。这种改变是在个体生命周期内的不同阶段以特定的表现形式出现的。

例如，在幼年期，需要婴幼儿食品、童装、玩具等等；在学龄期间，需要书籍、文具、教学培训等；在毕业实习期间，需要招聘服务、租房服务等；在恋爱婚姻期间，需要鲜花、娱乐、购房、婚礼等服务；在组建家庭初期，还有可能需要购车、家电等产品；到中老年，则需要保健和延年益寿的产品……

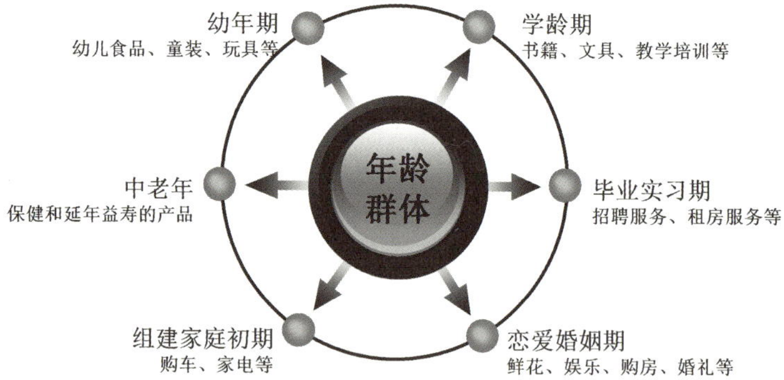

同样，不同性别的人群，表现出的消费倾向也会有较大差异，例如烟酒、军事爱好等产品、体育资讯等较多是男性人群购买，而时装、化妆品、首饰等则多是女性消费者来购买。

为此，你需要对自身的资源进行仔细检验和核查，了解其组合而形成的产品与服务具体适应哪种年龄段、何种性别的人群，从而进一步筛选出最适合你的用户群体。

4. 最适应什么——人群习惯

人群习惯对消费行为的影响最为复杂，也最为深刻。除去个人习惯，群体习惯包含着一个群体在长期生活中建立起来的种种观念和准则，其中很大一部分来自于价值观念、道德观念和文化习俗。进一步看，一些较小的群体，也有着特定的认同观点和影响力，从而约束其中的个体保持着特有的价值观念、生活追求和行为方式。

为此，你需要在确定垂直营销的模式之前，先了解你的对象，尤其侧重于了解垂直消费群体在购买之前会有怎样的心理选择方式，这样才能让你所针对的人群同产品或服务有着更加紧密的“天然联系”。

5. 最能接受什么——购买力

在对垂直人群的过滤因素中，购买力显然是最清晰可辨的一项，也往往被用于垂直创业的实践中。一般情况下，月收入在 2000~3000 元的工薪阶层，最愿意接受的就是实用而性价比高的产品，价格要便宜，赠送的附加价值“看起来”要多；月收入在 3000~7000 元的白领阶层，对产品的要求是实用基础上要有一定的产品形象、品牌效应；月收入在 7000~15000 元的金领阶层，要求产品功能超前、时尚，他们愿意选择较高价格的产品，非常注重产品形象，并看重服务质量；年收入在 20 万元以上的精英阶层，对产品要求更加时尚、全面、形象良好、售后服务体系完备。

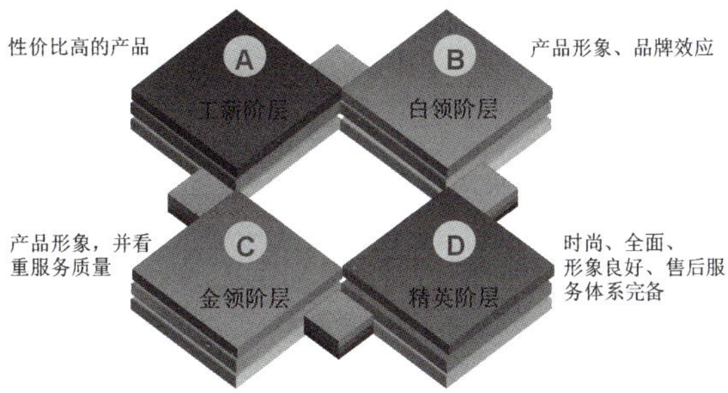

上述购买力阶层的划分，涵盖了整个社会金字塔中从底层到顶层各类人群的特征，也是目前互联网创业中比较常见的人群划分方法。针对这些人群的不同需求，结合产品功能，你应该挑选出适合的人群，进行产品开发和品牌塑造，让你的垂直创业项目更加有效地贴近消费群体，并获得他们的认可。

Part 7

个性化让风洞大开
——垂直创业之产品垂直化

7.1 垂直化不等于单一化

自从互联网垂直创业浪潮开始，垂直化就往往被人们误解为“单一化”。实际上，垂直化并不等于单一化，更不代表企业能用“一招鲜”来赢得市场。过于单一化的产品，反而有可能让企业丢掉未来。

所谓单一化经营，是指企业只生产和营销一种产品。这种情况通常存在于两个极端：超小型企业，或者高档奢侈品行业。其原因或者在于资源限制只能生产一种产品，或者企业品牌形象塑造需要。但对于大多数企业尤其是互联网垂直行业来说，只生产一种产品是不现实的，这也不应当成为普遍的指导规则。

只生产和营销一种产品，是企业最简单的生存方式，虽然很多情况下，即使是互联网企业也有可能被迫采取这种生存方式，但伴随市场的扩大、发展和成熟，竞争企业迟早会不断加入到你所在的垂直行业中来，或起码影响到你的垂直用户人群。这样，市场中的替代产品就有可能不断出现，并使得垂直用户群体的需求弹性有所增长，单一产品的需求就会无可避免地因为市场所赋予的生命周期而走向衰弱。想要避免企业随之走向衰败，最好的方向就是选择多元化产品进行相互替代与补充。这样，产品多元化就是必然的选择。

目前，垂直创业的互联网企业存在着品牌单一、产品单一的现象，导致对其消费群体难以产生持续的吸引力。同时，如果销售的是单一的耐用品，用户在购买之后短时间不会进行二次购买，也将导致企业的盈利连续性有所下降。

的确，垂直电商应该和线下企业一样专注于某个品牌、某个品类产品的经销，并借此塑造专业形象，满足消费者对优秀产品的需求。但与此同时，也应该设法以产品的多元化来让消费人群感觉到需求的充分满足，并以此产生用户黏性。

为了打造多元化的品牌和产品，垂直互联网企业可以从下面几点入手：

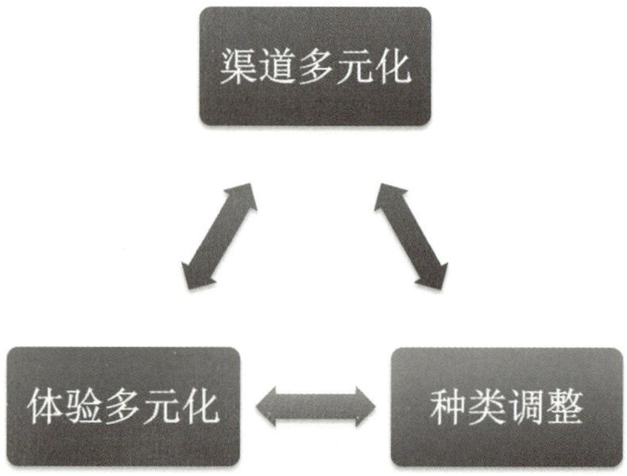

1. 渠道多元化：选择扮演“代理商”角色

垂直型互联网企业的多元化，可以从营销渠道下手，例如成为综合型互联网平台的特定品牌或品类的代理商。

在传统市场营销模式中，不同产品品类的代理商或经销商，其渠道往往是多元化的，产品并不仅限于某一家超市商场，而是能够通过谈判，在不同的门店获得营销利润。同样，在互联网这个线上世界中，垂直企业并不一定非要死守单一的主站点，而是可以扮演代理商的角色，进驻综合型门户平台，例如京东商城、天猫商城和苏宁易购等，实现多元化生存。

例如，优购网在创业初期，将自身定位为鞋服类垂直电商，但他们的产品不仅不单一，营销渠道也呈现多元化。目前为止，优购网已经进驻了京东商城、天猫商城、当当、苏宁易购等平台。这是因为对初创的垂直企业而言，无需死守单一站点才能够在垂直基础上进行多平台拓展，能够提高创业效率。

2. 体验多元化：线上展示和线下体验相结合

尽管互联网创业的最大优势是能够通过网络上的营销来节省成本，但不可否认的是，在线下展示产品的做法，正在越来越多地得到垂直互联网企业的认可，并成为垂直企业寻求创业突破的重要方法。

在消费心理学上，存在着“展厅效应”，即人们大都希望通过线下的体验来辅助甚至决定是否到网站上购买产品或服务。因此，单一地在互联网上描述产品或者服务是不明智的，这种看似垂直的做法，实际上却限制了企业的发展。

即使是销售较为单一的产品品类，一样能够通过线上和线下的结合来打造多元化方向的垂直效应。例如，美国互联网时尚眼镜公司 Warby Parker 不仅在线上销售产品，同时也不断和线下实体店合作，开设小型形象店或展示厅，从而帮助顾客获得真实的体验，反过来推动他们去线上了解和购买产品。而在中国，包括乐蜂网、美妆、YOHO！有货等垂直互联网企业也在线下打造了体验店，增强了用户对产品的感性、直观认识，并丰富了用户对品牌的认知。

3. 对产品或服务种类进行积极调整

除了营销方式的单一，产品或服务种类的匮乏也会让垂直企业无法维系正常运转，找不到应有的流量发展空间。面对这样的现状，垂直企业应该积极行动，确保掌控主动权。

积极向产品或服务的上下游发展，借助合作企业或进行分包，加强分工合作，提升主要产品销量的同时，完成产品和服务链的细化与布局，这样就能吸引更多的人群并进行积极转化，也能有效降低运营成本。

根据市场进行针对性调整，既要做到专业性，也要和实际情况相结合。例如把握特定人群的时尚风向、根据本地人口结构和数量的变化等随机应变，进行细微调整，这样就能在市场现有基础上打造出更加贴近实际的产品和服务。

适当对产品门类加以扩充。丰富相关门类、热卖产品，扩大产品层次，从而降低市场与行业的竞争对企业发展的打压。尤其应该利用垂直人群对企业现有的关注热点，去扩充新的产品和服务，而不是一味地用烧钱的方式来做单一方向的广告。

例如，你可以将和用户需求有关的各个细分节点进行整合，从而扩大需求的层次，尤其对于那些看似需求频率不大但却无法避免的单一产品或服务，更有必要加以整合，形成一条龙式样的产品或服务链条。这样，既有效避免了单一化，也能让垂直人群的需求得以切实解决。

7.2 产品属性应做好区隔

产品为重、体验为王，这样的话题在垂直企业创业过程中已经被不止一次地强调。然而，做为创业者，是否只是将目光关注于产品的功能就足够了？答案显然是否定的，因为产品功能更多是企业中的技术人员和产品经理重点关心的业务领域，而作为企业的掌舵者，除此之外，你还要关注产品的属性区隔。

2014 年 12 月 11 日，陌陌登陆美国纳斯达克板块，其市值达到 30 亿美元以上。公开资料显示，陌陌是一款免费手机 APP 社交软件，其收入的主要来源为会员费用。目前，陌陌的注册用户人数超过 1.8 亿人，而会员数量也超过 230 万人。

从产品功能上看，陌陌和微信有很大相似之处，基于地理位置的移动社交产品，能结识身边的人、加入附近群组和查看附近留言、使用聊天表情包、查看并参与附近的活动等，这些似乎都给人一种似曾相识的感觉，但陌陌创始人唐岩公开说："同质化社交，没人做得过微信，但异质化社交，我们却有很大空间。"

事实的确如此，陌陌的成功，来自于其差异化，更来自于其社交产品属性的有效区隔。

微信刚刚出现时，甚至让 QQ 都受到冲击，不少移动通讯终端的使用者开始习惯于在离开电脑之后就打开微信而不是手机 QQ。行业内更是一度认为，微信这种巨无霸的出现，让移动社交网络产品可以从此休矣。然而，陌陌的特点恰恰在于寻找到自身和微信的不同点。

如果用社交或媒体属性、熟人或陌生人程度这两大维度来衡量微信，我们可以看到，其社交性和熟人程度都是很强的，是建立在彼此了解认识基础上的社交产品。与此不同的是，陌陌主打的是陌生人社交，无论在产品功能和形态上和微信有多大程度的类似，但其区隔都已经有效建立起来了：陌陌主打的垂直人群和微信主打的用户群体，是完全不同的。

除了陌陌，其他的社交产品也在试图建立自己的产品区隔，例如微博主要位于“媒体化 + 熟人化”的区隔内，知乎则位于“媒体化 + 陌生人”象限内，而新兴的匿名社交产品则是相当特殊的，处于两大维度的均衡中间地带。而人人网、易信和来往，同微信处于同样的“社交化 + 熟人”区隔内，因此发展得始终不尽如人意。

可以说，无论是哪种维度，都没有完全的优劣对比。重要的是，垂直创业者必须要为自己的产品找到维度、建立“调性”，形成区隔特点，这样才能以产品来划分人群，而不是盲目地试图圈定市场再推出产品。

互联网商业的发展历史，有着很清晰的脉络：企业的分工变得更细、更垂直。在未来，无论是怎样的产品，只要找到自己的定位、建立起科学的区隔、进行有效的运营并满足人群需要，就能够独立存在，而不会轻易被人取代。产品的区隔能够让你首先在自己的领域内成为王者，确认自己的利益边界，才能意识到企业的力量所在。

未来，中国的互联网垂直市场，将会长时间呈现出产品和服务“一强 + 多极化”的格局，绝对意义上来看，不会有所谓一统市场的产品，只有积极发现优势看清限制，才能有助于企业坚守用户、带来良好体验。下面的方法能够帮助创业的垂直互联网企业打造出专属的产品属性区隔。

1. 线下线上的产品要有差异化

如果你的企业在线下线上都推出产品和服务，那就要从规划步骤开始，对线下和线上的产品进行独立设计、独立生产，甚至专门开发出新的流程或者模具。这样，才能从产品的外观、颜色、功能、价格等方面，实现线下线上产品的差异化。

线下线上的产品要有差异化

要从行业和消费者两方面建立“区隔点”

要学会对产品和服务进行横向创造

让垂直人群知道你不是什么

2. 要从行业和消费者两方面建立“区隔点”

你必须要站在创业所在的行业整体高度，去观察现有行业或相关行业中，大部分企业推向市场的产品存在哪些共性诉求点，包括是否有共同的工艺、相似的功能、共同的弱项或者营销手段等，然后，才能找准“区隔点”，打造出符合行业现有不足的产品。

另外，你还应该从消费人群的实际需求去寻找。通过对消费人群的实际调查，听取他们对某类产品的评价，然后询问他们相关问题，例如“何种情况下你才会购买较高价格的产品”等，消费人群自然会通过不同渠道和不同方式，将自己未来可能需要的产品特性告诉你。

3. 要学会对产品和服务进行横向创造

先确认需要解决的问题核心，即如何对产品和服务的属性作出不同于其他产品和服务的区隔，以及消费人群是否喜欢这样的区隔。

例如，牛奶作为日常营养饮品，健康自然是消费人群最关心的属性，但如果直接将牛奶的属性打造成为健康产品，自然显得相当普通。因此，问题就确认为，怎样创造出一种能区隔于其他产品而被认为是健康优质的牛奶产品的属性，这也等于提出：究竟在什么情况下，消费人群会愿意花费高价来购买牛奶产品？在这样的横向思维补充中，“纯天然”“欧洲”或者“荷兰牛”等区隔点就能够附加在牛奶产品上，并应用于向垂直人群的营销。

4. 让垂直人群知道你不是什么

互联网垂直产品的营销过程中，不仅要像传统市场营销那样向用户说清楚自己“是什么”，还要说清楚自己“不是什么”。例如，虽然陌陌从未公开宣传，但从产品界面到功能形式，从 CEO 接受的采访到在各大媒体做的广告，无一不在传递着这个产品是和微信截然不同甚至恰恰相互对立的，这样，消费人群也自然能一目了然。而对于其他产品而言，只要你发现的对立面是正确的，对问题能够精准确认，那么产品的属性区隔的建立也就顺理成章了。

7.3 为谁设计是产品创新的关键

今天，当你在讨论互联网垂直创业时，究竟在讨论什么？阿里巴巴总裁金建杭这样说："今天我们谈电子商务，不是比谁大、比谁强，而是要比谁快，3个月不创新，在电子商务领域就会有问题。"

诚然，互联网垂直创业之路上，已经崛起了许多成功者，但模仿他们的未必成功。当一种产品、一种模式有了生命力之后，就会有无数人起而效仿，因此如果拘泥于某种产品或模式，就无法走出自己的垂直创业之路。垂直创业者面临的最大问题，在于产品、服务乃至营销等因素，大都缺少必要的创新，没有表现出个性化、差异化，尤其是产品的模仿现象严重、同质化现象严重……

创业者必须是创新者，互联网商业发展和变化之快，就在于会迅速淘汰那些无法将产品和服务跟上形势发展的人，只有迅速让产品迎合市场环境的变化，打造出产品迅速适应的能力，让客户人群的需求能够被迅速满足，才能获得比对手更高的发展成绩。

互联网创业必须明白，创新并不简单地是为产品添加新功能，因为表面上来看增加新功能会让产品变得强大，但别忘记它同时会变得越来越复杂，从而影响用户的使用体验；但如果产品被创新得过于简化，又会陷入功能单一的困境。

其实，不论是对功能进行添加还是简化，创新都需要把握住产品的体验和定位，并以此给产品一个截然不同的定位。例如市场上如果提供的大都是使用方法复杂的减肥课程，那就可以开发一种针对年轻人的、可以简便学习的课程；反之，如果市场上提供的都是低廉的、简单的工作管理软件，那么你的网站就可以开发出更多元化、更复杂的软件……总之，你所要做的不是为了创新而创新，而是为了体验和定位的创新。

之所以应该如此，包含下面两大原因。

1. 仅仅是为产品添加功能，你无法战胜现在的竞争对手。市场没有耐心等你开发出“最完美”的产品，即使你为产品成功地添加了不少新功能，但很快，竞争对手又会在此基础上进行新的改进，或者干脆“拿走”你的新功能以及背后的用户人群。

2. 相比起新的功能，消费群体更容易为那种看上去符合他们需求的产品付费，因为他们并不知道新功能是不是符合他们，但他们经过体验之后的感觉则不会欺骗自己。

因此，开发垂直产品时，必须突出不同的市场定位，打造全新的产品体验，争夺现有的用户。这样，你对产品的设计会更有效率，更容易打造出颠覆性质的创新产品。

2014 年，身处竞争激烈的 P2P 市场中，宜人贷发现自己需要推出一款创新产品来强化自身特色。但与原先设计出产品再寻找客户的模式不同，现在随着用户人群的细分已经不断深入，他们决定根据借款人、投资人的实际体验去对产品进行设计。

经过研讨和设计之后，宜人贷将产品定位为给“程序猿”（程序设计工程师）的贷款，并命名为“码上贷”。

在设计产品之前，宜人贷公司对程序猿们进行了充分的研究，并将之确定为：高学历、高收入、男性中青年、借款需求多、交际能力有限、人际圈子窄小、很难在现实生活中借到钱，又大多生活在一线城市。

结合这些特色，码上贷的产品创新点就出现了：免征信报告，可申请最高 8 万元借款，用户只需要提交最简单的个人资料，主要是工作证明、工资流水和工作单位情况、入职情况、信用卡情况等。如果能够提供央行征信报告，借款最高额度可以达到50万元，并最多在36个月内还清。

码上贷推出以后，由于其定位准确和体验不同受到目标用户的一致好评。为此，宜人贷针对更多的垂直人群开发出不同的创新P2P产品。

企业想要做好互联网垂直产品的创新，需要关注下面三点：企业氛围不同、服务体验不同、产品本身与众不同。

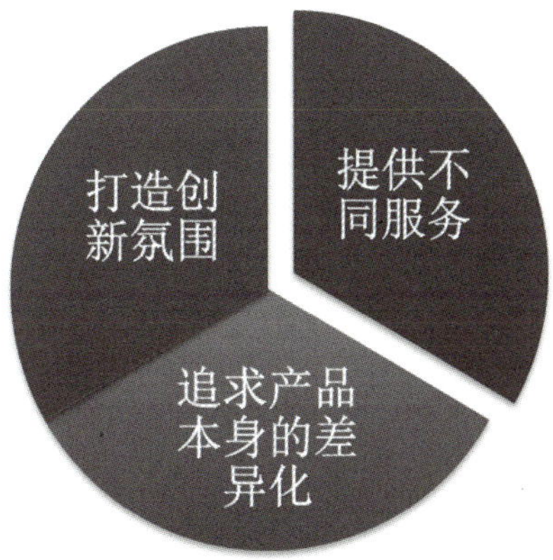

1. 打造创新氛围

企业本身如果没有创新氛围，那么即使有一些创新点子，也无法落实到产品上，因为哪怕是天才的创意，不去加以执行也都只能是昙花一现。为了使企业拥有打造出创新产品的能力，在对企业的日常管理过程中，除了注重基本功的修炼，更要强调企业团队创新思维与机制的积极培养，注重企业在产品研发、营销方式、供应链管理、内部流程改善和决策机制打造等诸多方面的创新，注重对企业内部传统氛围的改变，注重为顾客开发新产品的能力。

由于不同的企业有着不同的实际情况，也有着不同的资源构成和团队能力，企业家就需要积极利用自身经验、逻辑与知识体系，借鉴其他企业成功的创新经验，并将之与企业现在面对的垂直人群结合，侧重利用新思维和新技术手段，对企业的生产制造、供应链、产品品质、价格、经销、服务等体系进行细节和整体上的创新，并以此打造出良好的创新氛围与环境，培养员工积极创新的精神，并强力推进和执行。

例如，可以建立用户服务体验的研究小组，在互联网平台上利用大数据对客户群体的购买路径和点击习惯进行研究，从而针对性地提供更多符合客户个性化的产品；可以根据某一产品提供的项目和流程，鼓励员工提出优化、创新的方案。但无论具体做法是什么，重点还是基于企业的风险控制，带来敢于建立新模式、新措施，试验新的想法，并在创新氛围基础上，对新思路进行强力迅速的执行。

2. 提供不同服务

由于互联网和经济的发展，加上企业自身的不断发展，互联网上消费人群对服务的个性化、差异化也提出了越来越高的要求，对于其中不少人而言，价格因素已经不是看待产品的首要标准，相反，他们看重的是企业能不能将优质服务贯穿产品使用的始终。

因此，企业必须要重视与产品特点、消费人群特点相符合的服务流程。

对服务的创新，也是对产品创新的重要方面，包括便利和贴心的导购、方便的支付、迅速的配送和售后服务等。同时，这些服务所带来的附加价值，还要符合产品使用人群自身的个性追求、经济收入特点和意识取向、共同价值观等。总之，只有当你的产品加上服务都能够打动用户时，你的垂直产品创新才能算是真正的成功。

3. 追求产品本身的差异化

首先，产品的专业化要做得更加深入。利用大数据来对上下游进行分析，找到用户最需要最感兴趣的产品，这些产品当然不可能是在超市、便利店就能买到的，同样也不能在其他综合型互联网平台轻易购买到。其次，产品的价格上要有创新。应该打造出差异化的价格，而不是仅仅以价格战的形式面向消费人群推出。最后，即使是同一种产品，产品的衍生价值也应该与其他渠道所提供的产品有所不同。例如一本教材在传统书店里只能是一本书的价值，但在垂直电商那里，却有可能卖出培训流量的入口价值、大数据统计的价值等。而具体怎样获得这些价值，并以此来吸引消费人群，正是垂直型企业在创业过程中应该考虑的。

总之，垂直企业面对变化的需求，要学会用创新的眼光和思路去分析产品，要学会用真正的互联网思维来操作看似传统的产品，这样才能触及互联网创业的实质，了解其中的真谛。

7.4 把每一个产品都当成用户的孩子

在传统商业时代，无论是汽车、家电还是酒店客房服务、旅行社服务，其产品的研发核心在于利润和渠道两大参考因素，产品的功能特点是由企业相关领导和工程师在市场调研基础上决定的，消费人群最终只能被动地接受。打一个比方：产品是企业的孩子，当孩子培育成人之后，消费人群是否喜欢这样的孩子，将由消费人群决定。

然而，随着一大批互联网企业的不断崛起，互联网思维成为了改造传统产品定义的最佳切入角度：在互联网平台中，产品不再只是企业单方面打造的智慧结晶，也理应将消费人群的需求纳入产品设计的范畴中。目前，越来越多的企业已经意识到由用户参与到对产品定义过程的重要性，从用户角度出发，让客户拥有足够的参与度，也能让产品成为客户的孩子。

例如，目前互联网垂直产品中，智能硬件成为强调用户参与的“急先锋”。乐视 TV 超级电视面向的是“电视 + 互联网”的垂直使用人群，在其产品获得充分认可之后，乐视智能终端的负责人彭刚这样说：“智能硬件的发展，最重要的是从用户角度出发，将他们放在第一位，向用户开放所有权。”

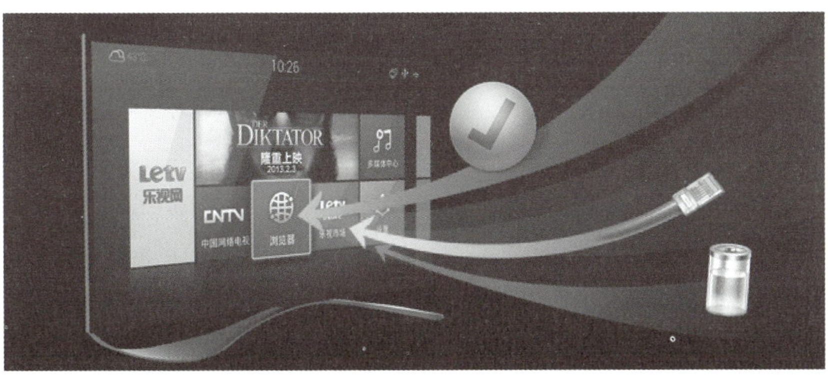

回顾产品开放过程，乐视首先在硬件配置上根据用户需求，推出了个性化定制的模式，用户可以根据自身喜好来定制属于自己的独特产品，在外观、智能、影音、无线、内容和配件六方面，用户拥有多种搭配选择；而电视节目的内容和服务方面，乐视的产品也能够根据大数据形成个性化推荐引擎，主动学习用户的收看习惯，为用户推荐私人化的内容；还能够让用户使用“弹幕”这一功能，以及直接对实时进行的体育比赛进行文字评价……这些都说明，乐视超级电视作为一款垂直产品，不单追求产品功能的丰富，而且追求用户的参与。

在这样的思想指导下，乐视还专门向“乐迷”们开放了产品及UI系统内测和反馈的渠道。在乐迷的参与中，乐视超级电视的UI系统完成了不断的更新：烟台用户孙鹏程建议，产品应该增加设置，从而方便家长对孩子观看电视的时间、内容进行管理，很快，乐视TV就增加了密码锁功能和掌上看家的功能；另一位乐迷不仅经常提出建议，还经常带来从事技术工作的乐迷，给乐视智能终端事业群的高管和技术团队分享相关知识，介绍了具有完整鼠标功能的遥控器，根据他们的建议，乐视TV在新一代产品中实现了对鼠标的操作机制；另外，还有用户提出了用户打分机制、评价机制的建议，直接推动了超级电视用户荣誉榜的功能产生……

和传统的电视厂商用上千名员工在办公室和厂房内的“闭门造车”完全不同，乐视TV超级电视产品是由上千万的草根用户共同打造的，乐视将“千万人不满、千万人参与、千万人研发、千万人使用、千万人传播”奉为产品开发的原则，聚合了众多互联网用户的智慧。

不仅在智能硬件产品上，在更多垂直产品和服务领域，每个用户都会有自己的意见和看法，用户是否能够深度参与到对产品的开发和改进过程中，是否能得到真正接近自身需求的产品，是决定垂直产品能否做好的关键。

从乐视产品引入用户角度、进行反向定义的过程来看，良好的用户参与，应该是这样的循环过程：用户先对产品加以了解并进行体验，从而获得对产品的认可，并购买和使用产品；用户在使用之后，和同类使用人群进行交流探讨，并对产品提出改进意见；企业随即从用户角度出发，了解并观察这些意见，进一步对产品或服务的具体功能进行改进；最后，企业重新对产品进行定义。

具体来看，产品引入用户体验的过程，分为三个阶段：产品的使用、产品的改进和产品的创造。在当下这个互联网创业时代中，企业应该通过下面的方法来驱动产品发展。

一、产品的使用

用户人群是垂直产品最终的使用者和所有者，而他们在购买和使用产品过程中的体验，自然是企业改进产品、发展自身的源动力，其体验又分为下面几种。

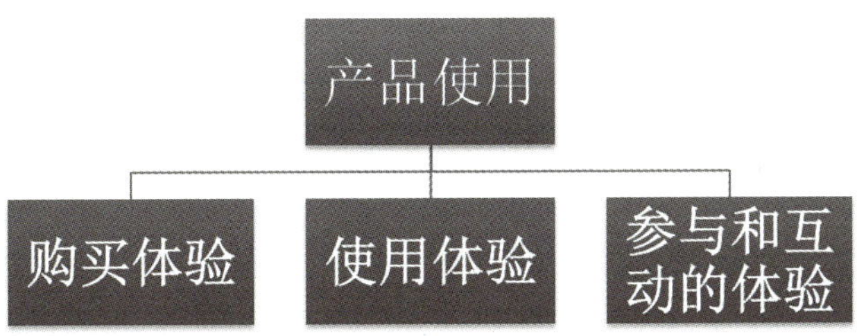

1. 购买体验

传统商业中，产品的流通过程必然会面对层层渠道的加价，因此决定了用户所购买到的产品，其价格远高于实际价值。但垂直产品所面对的用户群体与此不同，他们不再像以前那样愿意接受渠道的不断加价和不断转手，他们希望能够在购买过程中直接和产品的生产商进行互动，并影响产品生产。因此，企业应该尝试在定价上砍掉垂直产品的渠道成本、营销成本和一些品牌上的溢价，直接让用户面对生产到销售的全流程，这样不仅能够降低产品价格，也能让用户获得更好的购买体验。

2. 使用体验

企业和具体客户之间要形成积极良好的互动渠道，例如通过电话、网络、邮件、讨论组和线下接触沟通等方式迅速地接收到用户的意见，鼓励用户参与到企业对产品的开发研究中。这样，企业的产品推广就能带给用户良好的使用体验，并提高用户活跃度，成为企业打造优秀产品的关键。

3. 参与和互动的体验

企业还应该在和产品相关的环节，开启一切可以互动的可能，并将可以提供的最高权限提供给用户。通过用户和企业的高管或相关人员直接沟通，设定相应的话题，让不同行业、不同圈子、不同背景、不同地域的人，能够就同一个产品开展交流讨论，形成思想的碰撞。这样，产品就能够更加符合实际需要。

二、对产品的改造

企业和用户围绕产品进行互动，并不是难以做到的事情。企业应该更加关注怎样将用户的态度和看法转化到产品改进过程中去。

企业可以尝试更进一步地发挥用户的主动性和积极性，不要只是提供不同的方案去让用户选择或表达观点，而是尝试将用户吸引进入企业，让他们走到技术团队中，真正参与到产品的原型设计、创意设计，甚至直接进入团队，同企业的工作人员一起工作。在这样的过程中，让用户真正感受到他们是产品的改变者、拥有者，是问题的发现者和解决者。

值得注意的是，用户参与的改造过程越是在产品设计研发的早期，效果越好。因为产品方案尚未定型，产品还没有进入开发阶段，围绕项目有足够的时间来开放并吸收不同的创意。研究人员能够通过用户分析和挖掘不同的需求，将用户意见最大限度地融入产品设计方案。

三、产品的创造

激励用户去创造产品，是从用户角度出发来经营垂直产品的最高境界。在成功的互联网垂直企业中，许多有价值的内容并非企业打造，而是用户生产出来的。想要让普通的用户成为产品创造者，需要积极的激励措施。

1. 给予用户荣誉感

你可以用类似比赛名次的“冠军、亚军、季军”方式，给创造优秀内容的用户以荣誉头衔，或者利用等级勋章、积分、排行榜等来进行激励，那些排名前列的用户就能获得更大的动力来参与产品的创造。

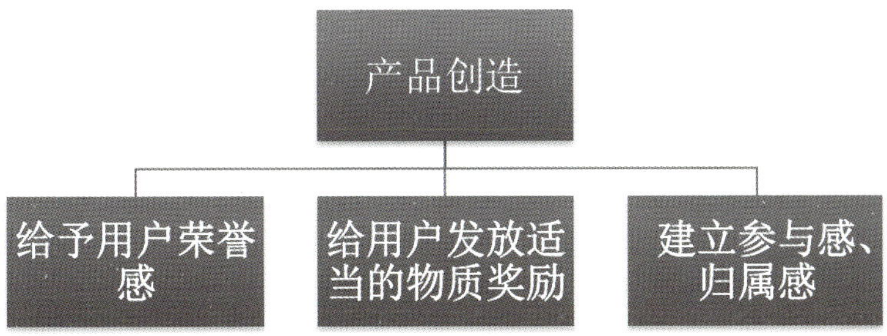

2. 给用户发放适当的物质奖励

创业的互联网公司，往往能够拿到一定的风投，而其中可以拿出一部分经费来给用户提供实在福利。这些福利并不需要有多大价值，但却应该有适当的技巧，例如在给用户的奖励礼品印上品牌 LOGO 等。这样，不仅用户能够得到激励，也能让企业获得宣传机会。

3. 让用户在创造产品的过程中建立参与感、归属感

锤子手机操作系统中，有上千个图标带有参与设计者的用户信息；DOTA1 游戏中，不少英雄的名字是以玩家姓名来命名的……类似的参与感也可以提供给你的用户，并且能够帮助他们在网络互动中贡献和实现自身价值。

7.5 个性、细分而专注是长法

伴随各领域互联网企业的崛起，资源在不断地被分割、聚合、使用和垄断。对于创业者而言，似乎在不同的产品和服务领域，都面临着竞争压力，新企业的发展和生存空间看起来更加艰难。怎样在竞争中利用产品和服务寻求新的突破，同时避免和现有的垂直产品或服务产生同质化竞争现象，这是众多垂直创业者必须面对的问题。

为此，创业者必须积极思考创新，在现有模式上，去努力做好一件事情，那就是“个性、细分、专注”。达到这样的目标，才能确保垂直网站有稳定的用户流量和充分的黏性，其后才能做下一步在产品性能或者服务价值上的延伸。

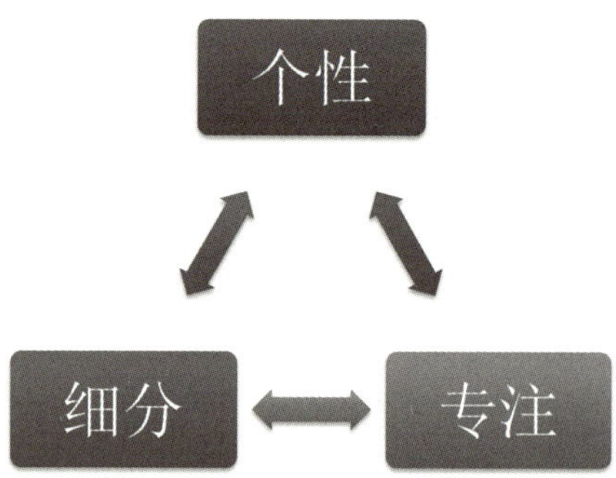

来看创业公司“心书网络”是怎样看待个性、细分和专注的。

2014 年 7 月，心书网络成立，创业团队只有 10 来个人，业务集中在“个性定制印刷品”这一个主业上，采取技术传输手段，将订单进行远程、全自动地提供给印刷厂，并坚定地将用户个人写作和出版印刷结合起来，抢占这一类垂直网站在移动互联网终端的发展先机。

其实，类似网站出现已经不是第一家，由于印刷品个性化比起全品类的礼品印刷操作更加简单，从2005年开始，从事网络数字印刷的龙樱网、涂书网等先后诞生，但最终都宣告失败。其中的原因有很多，但没有做到充分的“个性、细分、专注”是主要的原因。

例如，涂书网是全网第一个提供用户个人微博进行人工排版服务的个性印刷品企业，但在发展过程中，网站的主业发生偏离，从创业一开始决定的专注于微博印刷方向，又加入了照片印刷、创意设计、网络多媒体制作，同时网站还把生产加工、物流配送都放在自营范围内。结果，涂书网最终从先行变成了先烈。

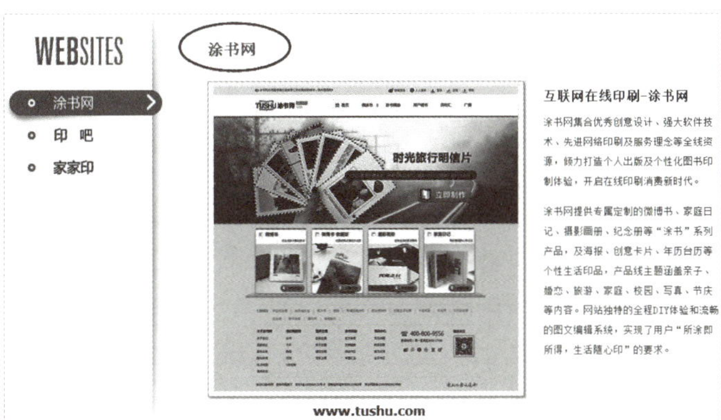

吸取涂书网的教训，心书网络除了在线接单、平台维护和技术开发之外，其他如印刷、包装和物流之类的工作，全部外包给印刷厂。这种专注于服务的“小而美”模式，很适合他们所面对的追求个性化的客户，能够促使他们将不多的资源集中在市场需求上，以便及时迎合市场。和涂书网同时创业的微印，就是靠这样的模式实现了销售额持续增长。

此外，心书网络在建立之后，基本上只是将业务目标“钉在”个人微信写作内容的排版印刷上，这样的“书”其实没有书号，不进行公开发行，不走正规流程，而且印刷费用并不低，但不少有需要的文艺青年、年轻辣妈却乐此不彼。对这些追求个性的人而言，他们需要的不是“占便宜”的低层次消费需求，而是要求能够获得集中、系统的个性化服务，因为其中绝大多数人都有将文字形成书本的愿望，但却没有排版编辑的特长。心书网络的产品带给他们专属服务的感觉，需求也因此被彻底激发和满足。

同时，随着心书网络编辑平台的升级，印刷出来的微信书充满个性，用户可以在网站平台上进行自由编辑，然后再提交。由于操作方便，非常受欢迎。许多人会给自己的微信书选择一个好听的书名，而心书网络则负责为他们“把关”，例如，《匆匆那年》《雕刻时光》等都很有“文艺范”；还有的顾客选择在书的外形上做文章，有人做成色彩鲜艳的杂志，也有的选择朴素简单的牛皮纸作为封面，体现出不同的风格；另外，网站还为客户提供必要的意见，帮助他们对内容进行选编，引导客户对电子版进行一定程度的修改，使整体书本显得主题集中；在图片和文字的结合上，网站还不断推出更多风格的图文间隔混排模式，包括由用户调整单幅图片、引入新图片等。

垂直网站未来的出路，离不开对个性化的尊重、对细分领域的专注。下面是垂直网站可提供产品模式中较好的分类。

1. 垂直门户

创业者不要再去试图建立大型的行业门户，因为这些门户已经呈现难以避免同质化，不妨去做“行业 + 概念”的结合。例如，将某某行业同环保加以结合，将某某行业同高铁加以结合，专注提供这种结合层面上的资讯、技术、新闻、企业介绍等，这样，内容就能够做得相对比较深，从而能满足有特殊需要的客户。

2. 垂直搜索

通用化的搜索已经难以满足用户的个性化需求，也做不到专注于某一个细分领域，百度之类的竞价搜索更是已经名声在外。创业者不妨先从某个行业入手开辟专业的垂直搜索，而不是开发看起来大而全的商业搜索。例如，商龙搜索就是专注于服装商业领域的搜索引擎，其中绝大多数的搜索结果都是和服装相关的，因此受到相关用户的好评。

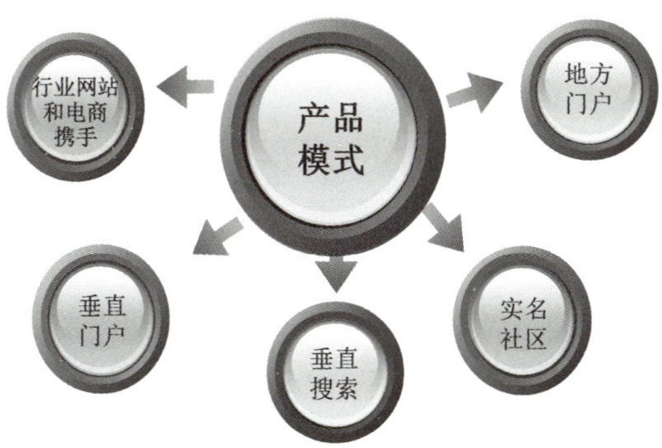

3. 地方门户

本地门户存在着发展的瓶颈：访问量有限，而且本地做广告业务也比较艰难。因此，如果选择本地门户创业，就应该立足本地化，可以多搜集本地化资源，走线下产品的代理模式；或者可以在握有本地资源基础上，和其他的大型门户网站合作，向这些平台输送本地资讯，形成本地垂直门户的品牌；还可以通过开展本地的线下活动，进行口碑营销，代理销售本地传统产品。

4. 实名社区

创业者可以根据自身熟悉的领域，例如不同的行业、不同的兴趣、不同的职业领域等，形成小型的资源整合平台，促成会员在这样的平台上进行共享、交流。对会员而言，本身就是能够利用的重要资源。不过，这样的站点需要在前期抓住用户，积极做好用户的需求分析，做到符合其个性需求。

5. 行业网站和电商携手

可以先由创业者做好某个行业网站的运营，形成规模而且稳定的流量之后，在线上的行业网站平台为电商商城做推广，并带来持续不断的客户流量。在这种模式下，行业网站需要抓住行业中用户的具体需求、个性特点，进行充分的细分，这样就能节约广告资源，缩短电商快速推广的时间。

Part 8

开创不计成本的消费模式
——垂直创业之服务垂直化

8.1 特定用户群需要的服务场景

垂直创业，并非简单地将产品放到互联网平台去销售，“互联网 +”不只是简单地让互联网和传统产业结合。

真正的互联网垂直创业，是要将传统产品的生产和服务方式进行适合互联网新技术的调整，只有当服务真正符合客户期望，营造出成功的服务环境，打造出差异化的服务效果，才能推动垂直创业的成功。

创业者应该记住，人的天性是懒惰的，而用户最大的期望就是通过最快速、最方便的方式来获取互联网服务，而一旦他们适应了服务环境，认为这样的环境能够稳定、长远地满足自身的需求，他们就会对你的服务产生依赖，并脱离原有的获取服务流程。

举一个最简单的例子，原先叫外卖的用户习惯于这样的流程：先去附近某家餐馆实际点餐品尝，感觉不错之后，会询问餐馆是否提供外卖，得到肯定答复后，再索取外卖电话号码，了解外卖的起价和速度，当用户想要再次点餐时，通过拨打电话完成服务。

当“饿了么”等点餐软件出现之后，这类人群一旦出现点餐需求，马上要做的事情不是拨通电话，而是打开手机中的 APP，从中选取自己想要的外卖服务项目。

这意味着，用户对于垂直类别的服务获取，已经脱离了原有的生活经验，变成直接从垂直网站或软件中获取信息。而且客户的期望是不断上升的，他们希望有更加精确、更加懂得他们需求的渠道来帮助他们获取服务：最早他们希望有电话渠道来获取，后来他们有了百度这样的综合搜索，再后来有了淘宝这样的综合型电商平台，但到了移动互联网时代，他们希望有各种各样的细分渠道来获取服务，例如旅行类、点餐类、家政类、维修类等，而当他们适应这些不同的渠道之后，新的服务场景就得以建立起来，用户会在这样的场景中感到需求的满足，也能获得真正差异化的服务。

从服务的观点来看那些以具体商品为卖点的互联网企业，无论他们销售的是鞋子、裤装还是茶叶、酒类等，其发展水平都和具体的服务有关系，其中能够做出准确定位的、良好服务的企业，往往能够一步步发展壮大。反之，一些网站忽视了服务的特性，结果消费者发现，在这些垂直网站购买产品，和那些综合性的平台购物，几乎没有什么区别，这让消费者感觉还不如去综合性平台购物……

真正的垂直互联网企业，不是以产品为唯一垂直追求的，他们追求的是将服务和产品一起提供给垂直人群，满足人群的特定需求，并打造不同的服务环境。例如唯品会之所以能在垂直企业中脱颖而出，其中很大一部分原因在于其提供的特卖模式。该模式提供的产品和伴随的服务，凝聚的是和淘宝、京东普通用户有很大区别的细分人群，因此，他们的垂直，是朝向服务和需求的垂直，而不只是单纯商品品类的垂直。

垂直创业者的注意力不仅应该集中在产品上，还要集中在服务场景的构建上。

例如，互联网巴士创业项目提供的服务场景，就能够带来更好的需求满足。目前，知名的小猪巴士在上海、广州、深圳、成都、杭州、太原、武汉等总共 17 个城市开辟了上下班巴士路线 4000 多条，每天增长速度为 10%，用户需求量很大。这是因为小猪巴士能够更好地满足用户上下班的固定服务。和打车软件不同，这种固定服务还包括用户上下班路上的早餐、Wi-Fi、空气净化、音乐和视频服务、广告投放等，能够为用户提供更为周全和稳定的服务。这些服务既不同于传统的城市公交系统和出租车系统，也能够由此形成更多的盈利模式。

那么，怎样让你的创业产品伴随着精细化、差异化的服务出现在客户身边，形成良好的场景呢？

1. 要利用手中的资源，和其他行业进行积极整合

提供针对性的服务，打造满足客户需求的服务，对企业要求较高，其中涉及人员培训、员工队伍控制等，需要优质资源作为基础，并在此基础上推进同传统公司的深入合作。这需要进行充分的线上线下联合，打造垂直服务的新模式。为此，创业者应该首先确保手中有相应的资源积淀，并熟知行业的服务类型，拥有良好的合作对象包括相关合作行业、当地政府部门和媒体行业等，这样才可能顺利地整合资源，提供服务。

2. 追求一站式服务

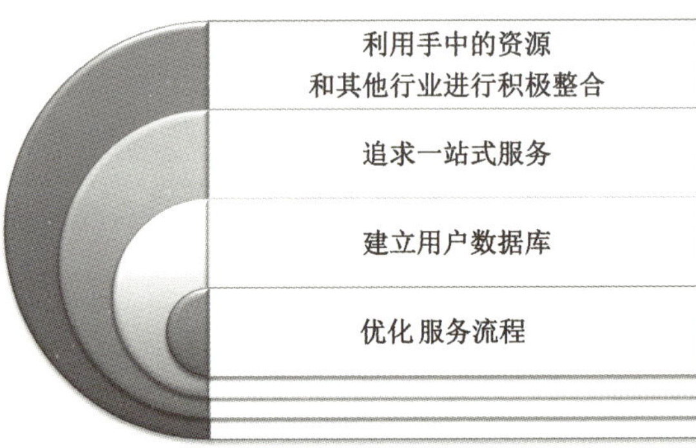

无论客户期望怎样的服务，一站式贴心服务，都应该是垂直企业的共同追求。所谓一站式服务，即从选择产品，到获取价格信息、具体购买，再到使用产品、维护产品和售后服务，都应该提供整条流程的服务，帮助用户获得全程体验。

3. 建立用户数据库

创业者可以通过数据量化来录入数据库，进行大数据的分析，包括用户所有的行为习惯、属性特征、关系图谱和消费能力等，都应该用数据加以量化。通过对这些数据进行分析，就能够明确用户的真实需求，并从这样的需求出发，对服务进行更新升级，建立良好的服务场景。

4. 优化服务流程

服务场景设计应该节约消费者的时间、体力、精力。在服务场景设计中，充分考虑提供服务的类型、特点和服务流程的需要，从而优化服务流程，让服务运作更加方便，以提高服务效率。

8.2 垂直服务的自身壁垒

一段时间内，互联网企业纷纷依靠“烧钱”补贴来吸引顾客、获取流量，以至于那些获得风投青睐的企业，似乎就有更多的金钱来做大市场。但当风潮退去时就可以看到，并不是每一家依靠烧钱的企业都能在互联网平台上获得成功，尤其是垂直企业，如果不能建立属于自身的服务壁垒，依然会面临各种问题。

随着互联网和传统行业越来越深入的融合，企业所处的平台生态和能够获得的信息，将会受到越来越多来自线下服务的限制，未来只有让服务方向变得更加垂直，企业才具有更大竞争力。

目前，不少垂直创业公司虽然利用互联网对传统行业进行了改造，将网络信息和技术手段传递到线下商家中，例如美团、“饿了么”等垂直网站也开始自建物流，但问题是，仅仅用简单的模式来提供服务，对形成竞争态势中所应有的壁垒是远远不够的，怎样利用不同的垂直服务来超越竞争对手才是重点。换而言之，只有确保服务的可靠性和难以复制性，并通过用户的口碑传播，进而迅速扩大用户数量，这才是垂直网站良性增长的必要方式，也很可能是唯一正确的方式。

需要看到的是，垂直服务建立壁垒来保护自身，是互联网垂直企业发展的必然。互联网经济最初发展时，平台模式的机会显得比垂直模式更大，这是因为此时比拼的更多是用户的绝对数量。纯互联网的平台生态下，谁拥有更多流量，谁就是胜利者，至于线上线下的服务是否针对特殊人群的特殊需要，并没有得到真正的重视。然而，今天的互联网线上世界已经和线下世界深度结合起来，尤其当互联网企业提供的服务开始介入许多普通人的生活之后，这些服务必须适应新的生态，面临着种种来自线下的要求和限制，而不能只是靠平台的流量大小来作为壁垒。

垂直创业者应该意识到，向用户提供的服务，必须形成自身壁垒来应对竞争，否则，就会回到烧钱、买流量但却无法创造利润的尴尬时代。只有让你的服务更极致、更垂直，问题才能得以解决。

2015 年，一家印度创业公司 Teabox 的 A 轮融资达到 600 万美元，投资者由亚太地区的著名风险投资机构 JAFCO Asia 等参加。虽然 600 万美元的数字看似不是很大，但这家公司已经在之前获得 800 万美元融资，考虑到该公司创建于 2012 年，而且是一家中小型创业公司，其发展速度已经相当不错。

Teabox 是如何打动这些挑剔的投资者的？原因就在于他们建立了属于自己的服务壁垒。

作为一家垂直电商，Teabox 主要为饮茶爱好者提供送货上门的服务。虽然业务并不算什么创新领域，但他们却将源自于中国的茶叶和最深入的服务结合在一起，创造出了不一样的服务模式。

首先，该公司将垂直电商的特点发挥得淋漓尽致。在 Teabox 所提供的整个服务流程中，用户不会接触到任何中间商，而是直接和公司进行一对一对接。这种对接覆盖了网站上所有的产品、服务，不论用户购买多少。在中国垂直互联网企业中，完全能够做到如此彻底服务的似乎并不多。

其次，为了提高用户从服务中获得的体验，Teabox 直接和东南亚茶叶产地如印度、尼泊尔等地的 200 多家种植园进行合作，在种植园周边直接建立仓储，以便从园主手中采摘到茶叶之后，能够迅速对之进行真空包装、处理，然后从原产地的仓储发货，运往全球 75 个国家。整个服务流程只有一周左右，而相对应的传统模式，起码需要一个月之久，两相对比，茶叶口味带来的体验差别不言而喻。

不过，Teabox所打造的最大壁垒，并不在于以上这些环节，下面才是他们真正能够得以占领市场的服务内容：Teabox出售的实际上不是茶叶，而是一种“咨询服务”，他们帮助饮茶爱好者根据自身的品味，精细化地对茶叶进行不同的搭配，为此，他们帮助用户选择不同的种植园、茶叶发芽期、口味特征（例如，是选择传统口味、经典口味还是西方口味），在这些搭配中，他们还提供不同品种的混合出售服务，包括红茶、绿茶、印度茶、乌龙茶或者日本茶、英国茶等，用户可以一次购买其中少量的茶叶，最低可以从10克起购。此外，为了让用户能够不断交流茶叶品尝知识，提高品尝水平，这家企业为用户提供了订阅服务，定期向用户推送相关杂志、文章等。

由于将服务定位得和茶叶质量本身一样重要，Teabox才利用服务构建出整个企业得以在行业中生存的壁垒。在这样的壁垒中，一个完整的生态圈得以形成，并成为他们生存和发展的平台，而其中支撑服务的正是他们对信息的重视。

相比之下，一段时期内，中国的垂直企业并没有意识到服务可以为企业提供自我保护的空间，无论是垂直图书领域的当当，垂直酒类领域的酒仙网或者垂直于女性服装的美丽说、蘑菇街等，在发展过程中，他们并没有聚焦于服务，而是看谁有足够的钱来进行低价销售，引导用户去关注谁的价格更加便宜，似乎除了价格已经没有什么能够吸引用户的。实际上，当你将服务变得更加细分、更加垂直时，就能建立起对手无法超越的标准，让其他企业无法进入你的生态平台，而这将是未来创业者面对互联网巨头时主要的生存法则。

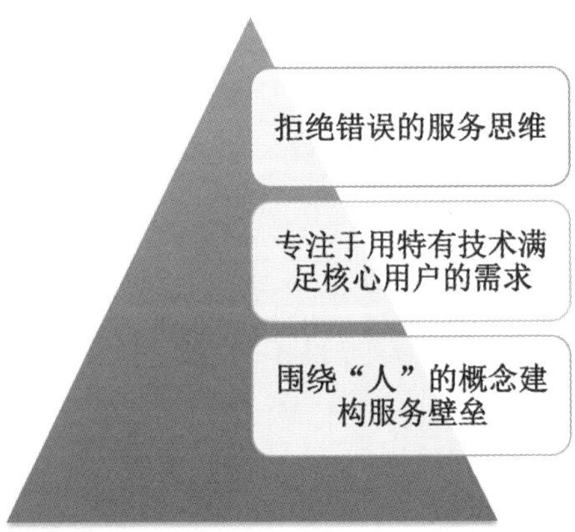

1. 拒绝错误的服务思维

对目标在于打造平台的垂直互联网企业而言，采取团购思维、低价思维的确能够在短时间内吸引大量的用户。然而，这样的思维会导致服务水平参差不齐、服务项目的种类相当复杂，企业并不一定能保证服务带给用户良好的体验，更难以建立用户对服务的依赖，从而丢失服务的壁垒。

因此，除了最早期可以采用团购、低价的思维提供服务之外，当企业走上正规发展道路时，就需要将服务集中在用户的实际需求上，强化带给他们不同感觉的服务思维。同时，也要适当减少平台中的服务信息，形成更好的平台生态圈，避免信息堵塞引起用户的“屏蔽”或选择困境。

2. 专注于用特有技术满足核心用户的需求

想要形成企业自身的服务壁垒，应该先从垂直领域中具体的项目开始着手提供服务，例如短租、外卖、打车、上门等服务，然后加以深入了解，考查研究哪些人才是你应该保留的真正核心用户，并做好存量优化和增量突破。

在这样的过程中，创业者不仅要注意将互联网和传统服务行业对接，还应该采取逆向思维，让传统行业的服务手段和服务思维进入互联网平台，结合不同信息来源，打造新的服务环境。

3. 围绕“人”的概念建构服务壁垒

服务壁垒和产品技术壁垒有所不同，其中最大因素在“人”。不要忽视你的工作人员是怎样为用户服务的，因为即使同样的服务，由不同人员进行服务，都会产生较大差异。创业者可以尝试建立一套行之有效的点评、打分系统，这套系统能够让企业对自己的服务建立独立的督促监察机制，即在服务上线之后，马上派出管理人员对整个服务的流程质量和体验打分；另一方面，也可以利用这样的机制，激励用户在体验服务之后，对服务进行点评打分。两者结合，服务就能动态化地提高，并据此表现出产品所能提供的更大附加价值。

8.3 快是做好垂直服务的根本

目前，互联网企业的垂直服务问题，主要集中在三个环节：售货、配送和售后。

不可否认，互联网企业依托网络方便和快捷的优势，从产品质量到价格，都展开了和实体店的正面对抗，并取得了相当大的战绩。在短短数年内，整个互联网商务无论是平台型还是垂直型企业，都实现了迅猛的发展，但同时也暴露出其相比线下实体店的缺陷，那就是售后服务方面的不足。

从淘宝一家独大，到京东、当当从垂直走向平台，再到其他企业在各自领域“占山为王”，虽然有着不同的产品或服务特色，但也产生了相似的售后服务短板，例如快递延误、产品丢失乃至假货横行等，影响了许多互联网垂直企业的形象和发展。

事实证明，垂直服务的质量要提高，必须围绕着“快、好”两个字进行，而其中“快”又是更为明显和集中的目标。其中，配送速度加快又是提升服务体验的重要因素。

2012 年国家邮政局公布的统计数据显示，快递业务的申诉数量达到 13.74 万件，相比 2011 年增长了 177.7%。这一方面意味着快递行业因为兴旺而带来投诉数量上升，但另一方面却暴露出垂直服务的瓶颈。用户希望获得更为强大的信息系统来支撑配送服务，而企业也应该用不断改善的物流环节，提高用户的满意度，并降低产品因物流受损坏的可能性。

根据调查显示，同一个消费者，如果物流运送时间比较快，其消费金额就会随之大幅度上升，因为这时候消费者处于消费冲动期间。但如果运送时间超过 5 天，消费者就会对“欲望型”商品的需求大大减少，而侧重于“刚需型”的产品。尤其是如果你的产品集中于水果生鲜等类型，人们就更希望获得更快的配送服务。

在企业创业初期，有可能由于创业者在相关环节准备不足，忽视了配送环节的打造，但当企业真正进入竞争的冲刺阶段时才发现问题，则难以对过程再加以有效掌控和充分把握。其实，企业必须确认的是：与零售相关的垂直互联网企业，相互之间进行竞争的成败关键在于配送，因为当你的产品在质量、价格、美誉度和关注度等方面和其他产品基本对等的情况下，最容易为你带来胜利的就是配送服务，包括发货速度、发货准确度、服务态度，是配送服务中的重中之重。

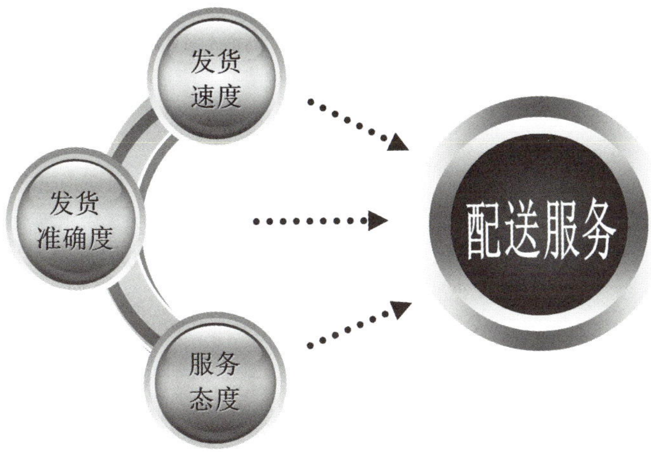

因此，你需要选择实力和自身相匹配的物流企业作为合作对象。这些企业应有着大容量的仓储、运输和产品归类能力，最好能够作为固定而长期的合作伙伴。当然，如果你的企业是众多小微企业中的一个，不妨先选择通过零散的物流门点进行汇集，在那里通过统一的分门别类之后再分别迅速运输到不同地方。

同样，售货服务和售后服务是否能提供高效高质的体验，决定着企业是会得到一个客户，还是失去一个客户，并最终决定企业发展速度。正因为是互联网商务，用户无论遇到什么问题，首先想到的都会是在线沟通或者微信、电话沟通，这种情况对于企业提出了更高要求。企业需要培养专业的客户服务人员，确保他们熟悉产品，能够及时解答顾客的提问。同时，还要做到服务团队和其他部门的联系沟通及时、充分、规范、迅速，能够及时响应客户要求，解决可能出现的问题。

在下面集中配送模式中，企业必须要找到适合自己的有效平台，并进行充分发挥，从中受益。

1. 外包配送

相比其他方式，第三方外包配送模式显得更加专业化，能够减轻甚至消除企业在物流方面的成本。因此，大多数垂直创业企业都选择这一方式，国内如顺丰、圆通、申通、韵达等快递企业都可以考虑。

选择这种方式，能够获得其成熟的配送技术，但对垂直创业者而言，其服务水平和服务价格需要进行对比选择。

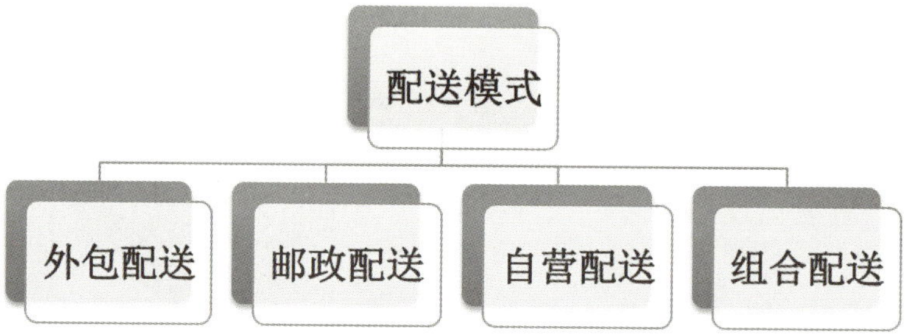

2. 邮政配送

无论你的企业是否以这种配送方式为主，都应该向消费者提供挑选此类配送的可能。虽然邮政配送方式服务质量不高、反应缓慢、周期较长，但邮政在中国覆盖范围很广，利用邮政能够将你的产品业务覆盖到全国每个乡村，这是其他物流方式所无法比拟的。

3. 自营配送

自营配送通过网站自行筹资来筹建物流配送系统，能够做到从客户在网上下订单、到货物最终到达客户手中的全流程服务，没有第三方参与，能够很好地保证服务质量和服务速度。

创业者可以在网络购物人群密集的地区设立仓库中心、配送服务点，并引入这些网点在整个企业内部不同部门之间的协调，以便进一步获得第一手的市场信息。不过，对于大多数垂直创业企业来说，这种自建物流配送体系并不现实，因为很容易分散企业资源，并不利于企业核心业务发展，只有达到一定规模的互联网企业才适合选用。

4. 对不同的配送模式认真分析，并和自身情况结合，组合出最好的模式

例如，你完全可以在自身销售密集的地区自建配送中心，而在其他地区利用第三方物流进行配送，对更远的区域，利用邮政系统配送。在配送体系上，企业也应该进行创新，比如，提供多样化配送模式、多种时间选择，对不同配送要求的客户设置从免费到不同费用的选择，从而满足顾客对服务的不同层次需要。

无论如何，垂直互联网企业的竞争在不断加剧，缺乏规范的垂直服务，企业迟早会遭遇瓶颈甚至直接出局，只有建立起能够经得住考验的垂直服务，企业才能发展壮大。因此，创业者必须从一开始就将售货、配送和售后服务的提升作为重点，用良好的垂直服务来增强顾客的好感，在不断多元化的服务基础上，做好最基本的三大环节，企业才能最终盈利并走得更远。

8.4 如何规避上门服务的线下限制因素

互联网 O2O 模式的兴起，带来了新的垂直创业机遇——上门垂直服务型企业。上门服务，顾名思义，是指企业作为平台，提供给顾客交易机会，顾客在线上下单，企业雇用服务人员，要求他们到指定的地址服务，而不需要顾客出门。

上门服务其实并非互联网发明的专利，早在互联网诞生之前，餐饮外卖、家装、电器、家政等，已经有了不少上门服务的成功案例。巨大的市场潜力，吸引了垂直创业的目光，从 2014 年开始，上门服务型企业在互联网上不断出现，从美甲到做饭，从按摩到洗车，纷纷进入用户的视野。

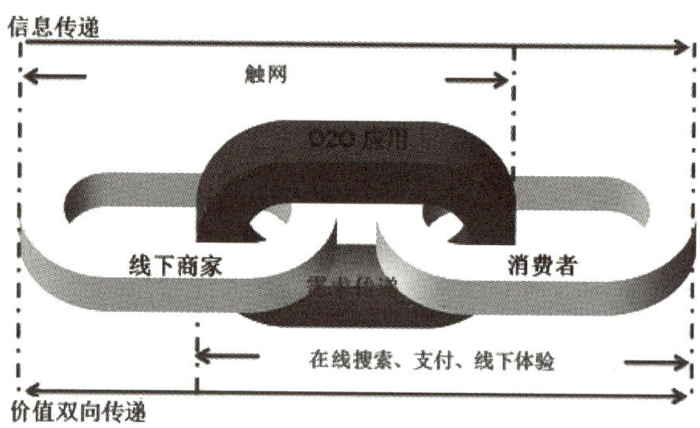

的确，上门服务能够满足不同的垂直细分人群需求，向用户提供技术支持，当产品和服务能够直接出现在客户面前，由他们现场判断时，那种与网络购物迥然不同的刺激感可以让用户感觉新鲜，并产生充分的需求，进行积极的二次消费——例如，如果客户对某位上门服务的美甲师评价较好，她们就会在以后需要消费时通过网络上的垂直平台企业来找她，而这样的定向服务会给用户和美甲师带来相对确定的感觉，不会出现太多偏差。

目前，上门类的垂直服务，主要有两种方向。

第一种是上门再服务类型，例如洗衣、外卖等，这类服务难点在于服务质量无法保证，以及上门配送的成本较高，包括人员和网点两方面成本。以至于这类垂直服务公司经常会在创业初期遇到困境：日订单量不断增长，但公司的服务能力却无法跟上，而市场份额又必须要有所扩大才能获取融资。

对于这种限制，干洗客公司给出了很好的回答。该公司于 2013 年 7 月诞生，2014 年建立洗衣工厂，用户在网站或者客户端下单之后，由快递直接上门取件再送至洗衣工厂，用 16 道洗衣工序确保质量，而整个过程不到 48 个小时。洗衣客公司采取这种“重服务”方式，严格把控了服务效果，也避开了创业初期遇到的瓶颈。

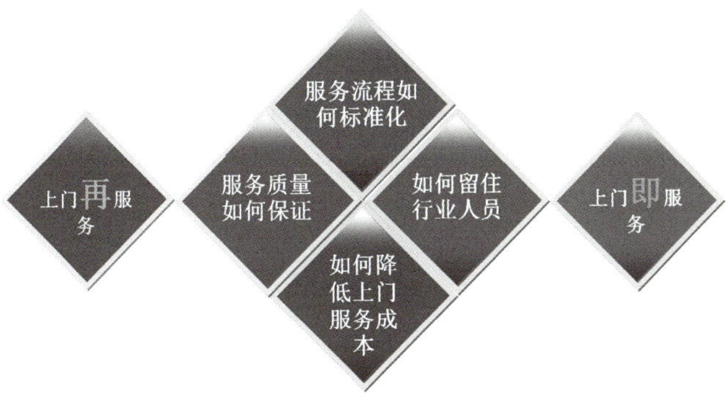

第二种是上门即服务类型，例如美甲、家政、美妆等，但这种服务的限制在于流程是否能标准化，一旦缺乏必要的标准，用户就可能不满。同时，这种行业的人员相比而言更容易流失。

对于该问题，河狸家美甲等成功经验表明，想要充分解决该问题，就必须要用专业强素质高的人员队伍进行线下服务。

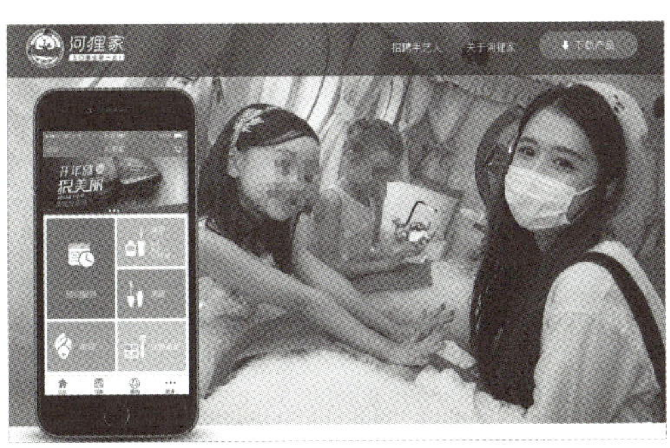

在购买上门服务的用户眼中，产品或服务的价格并不一定是最重要的，但质量必须有保证。如果你的企业主打线下服务，那么最好在开始打造互联网平台之前，就要有一支专业性强、业务素质高的服务人员队伍。这些服务人员队伍最好是直接从线下成熟服务队伍转化而来，能够给用户带来比普通服务行业更好的体验。

此外，你还应该适当地选择那些能力强的独立服务人员进行合作。这些人员既有着丰富的服务经验，又可能并不愿意“依附”于某个机构，行业内将他们称为新的“手艺人”，他们有着自己的个人品牌和忠实客户群体，有着自己的口碑影响力。因此，抓住这些人员资源，对于你的创业有着很大帮助。

避免上门服务的线下限制，还可以有下面这些具体的操作方法。

1. 和线下传统服务门店进行合作

绝大多数上门服务项目，都有线下对应的行业门店。作为互联网企业，你可以同那些有着固定经营场所的行业门店进行合作，只需要他们有一定的经营场所即可。这些经营场所并不一定必须在商圈，即使在小区也可以，但需要有一定的装修来营造气氛。

由于有了合作伙伴，你可以将图片、地址在你的互联网平台上予以展示，这样，用户就会认定你具有相对的实力，并愿意通过门店来了解你的互联网平台。同时，这些门店的成本也无需你来支付，最多需要一些合作的费用，这样可以很好地降低经营成本。

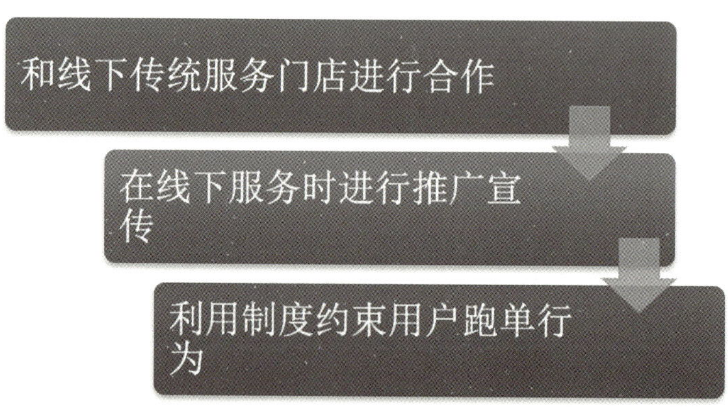

2. 可以在线下服务时进行推广宣传

不成熟的线下服务经常只是就服务而进行服务，但真正能够帮助企业去除限制的是结合宣传的线下服务。你可以针对服务人群，进行线下的定位广告宣传，例如主动进行价格打折、赠送服务、赠送优惠券等。当用户看到“面对面”的好处之后，会很快接受这样的好处，一旦受益又会产生“拿人手短，吃人嘴软”的歉疚感，这样就能带来更多的熟人消费和二次消费。

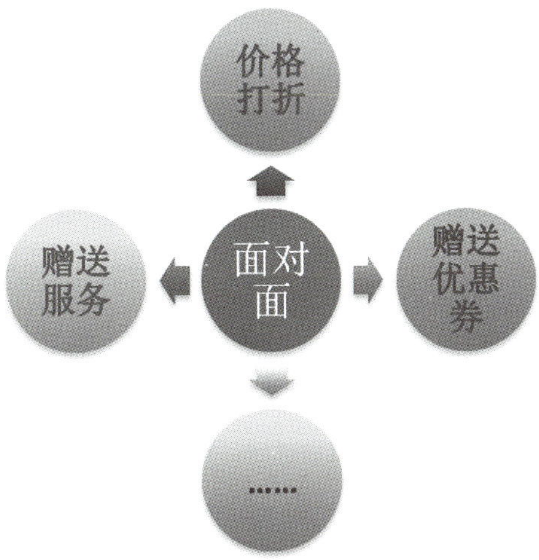

3. 利用制度约束用户跑单行为

当上门服务型互联网企业发展到一定程度之后，新的问题会出现在创业者面前——“跑单”。所谓跑单，即用户原本预定了服务，但服务人员到达时，对方却以各种理由予以拒绝。

对于企业而言，在法律上或者道德上，对用户都没有什么约束的手段，在某种情况下，跑单现象是无可避免的。但企业完全可以利用制度来对用户这类行为加以约束，提高他们的跑单成本，最终将这类行为压制到最小可能。

例如，可以使用会员积分制，每次成功消费后给予积分并兑换礼物或优惠服务，但一次跑单会进行更多扣分，从而让用户在心理上不愿轻易跑单；又如，建立跑单风险评估机制，对那些跑单可能较多的点单用户，提前多次进行确认，甚至可以直接将之拉入服务黑名单。

总之，有了良好的约束制度并加以执行，跑单行为就能随之减少。

Part 9

只让一个人听到你的声音
——垂直创业之传播垂直化

9.1 二维码传播，最好的垂直化表现

创业是一项系统工程，这项工程离不开对产品、服务和品牌的传播。没有到位、精准的传播，即使你的商业模式再成功，也很难吸引到足够的流量进入平台。因此，打造一个良好的垂直化表现渠道，让特定的“一个人”听到你发出的创业呐喊，是相当有意义的努力。

在各种互联网基础的传播方式中，二维码传播是最好的垂直传播渠道。其实，二维码问世已经很久，但其大范围推广使用，还是从移动互联网大范围普及开始。从腾讯到阿里巴巴再到新浪这些大巨头，再到普通的垂直创业网站，其传播行为，几乎无一不和二维码有关。

扫码有惊喜

二维码是指在一维条形码的基础上进行扩展，产生另一维可读的条码，外形上是黑白矩形的图案，表示出二进制的数据。通过设备扫描之后，能够获取其中包含的信息。相比条形码，二维码能够容纳更多信息。在互联网普及之前，二维码能够包含 500 个汉字的信息容量，而目前，二维码可能包含一个网络链接地址，承载更多信息内容。

由于二维码本身是免费和开放的编码方式，因此，每个人、每个企业都能够生成二维码来传播信息。目前，创业企业可以用下面的模式来进行二维码传播。

1. 信息传播

无论是产品信息、媒体内容还是电子凭证，其实都和传播有关，但二维码这种传播工具能够直接将企业和个人用户连接——用户使用手机扫描二维码可以获取完整信息，而企业能够向用户传播新的信息。

2. 互动入口

当用户扫描二维码，进入企业的信息传输平台（如 APP、微信）等，结合诸如领取优惠券、报名投票、参加调研等步骤，企业就能够通过这一入口获得顾客的信息，从而让企业能够及时向其反馈信息，从而确保广告宣传能够最大化地垂直集中。

3. 直接购买

二维码这一垂直传播渠道，还能够直接将客户的购买行为引导进入企业平台，实现垂直购买。例如，企业可以和支付平台进行合作，利用二维码方式，在手机上完成购物支付的流程，这样，客户无需进入实体店甚至网店，只需要直接扫码转款就能完成消费。例如，用户只需要直接扫拍企业提供的支付宝收款码，就能够实现购买支付等步骤。

目前，二维码使用领域广泛、制作成本低、开源免费，其生成不需要任何成本，而印刷成本也几乎等同于普通复印的价格。更重要的是，二维码相比任何一种传播方式都没有“强迫性”，即一旦用户决定接受二维码背后的信息，起码说明用户是

经过考虑而感兴趣的人群，这种人群天然就是经过了筛选的垂直人群，因此尤其适合互联网垂直企业使用。

下面是一些创业企业使用二维码进行传播的成功案例。

1. 品牌型垂直企业，将二维码用于媒体广告，无论是线上线下的广告上都附有二维码。顾客通过扫描之后，直接进入公司网址、产品详情或者电商店铺。

2. 服务型垂直企业，在赠送的服务优惠券上加入企业的二维码，承诺在顾客扫描二维码之后进行二次消费会有优惠。这样，用户受到鼓励，既接受了传播，又能够再一次返回线上购物。

3. O2O 型垂直企业，以二维码作为消费者在线上预订的凭据，以此到线下进行消费。同时，由于客户扫描了二维码，也能够顺利进入此后的信息传播。

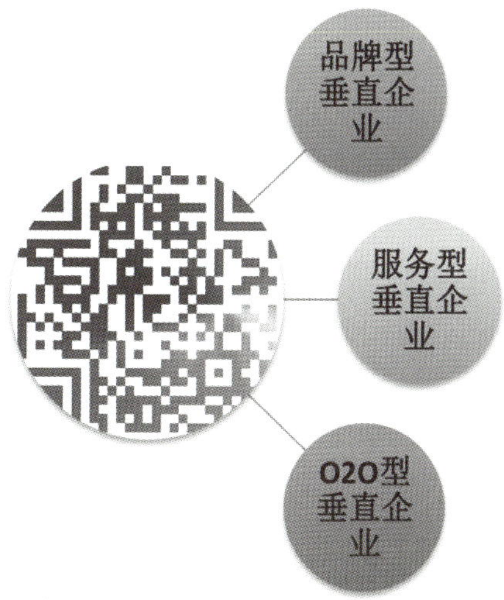

不过，任何消费人群都不会看到二维码就扫描，因为毕竟掏出手机使用流量，然后再扫描二维码，需要花费用户的时间和精力。因此，怎样使用二维码传播，创业者需要仔细进行研究。

1. 让用户看到扫描二维码的价值

你提供给用户的二维码必须看起来有足够的吸引力，不仅能够解决用户的需求，还要能够说明提供给用户怎样的优惠或者服务。另外，你的二维码还要有供给客户了解的信息，解决他们的知识盲区。

2. 必须要建立移动版的网页或手机 APP

用户在扫描完二维码，接受你的垂直传播之后，打开的应该是移动版网站，即通过专门的平台提供站，将网页进行优化，这样，企业的网站才能迅速加载进入手机，并适应手机的浏览器和屏幕。即使没有这样的网站，你起码也应该提供一段文字或者微博链接，比起笨重的电脑版网站，效果要好得多。

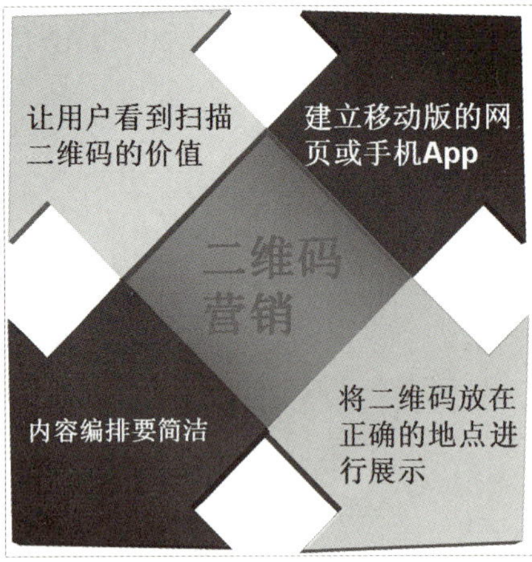

3. 内容编排要简洁

无论你的二维码在线上将用户引导向微信、APP 还是网站，都要记住，你的传播必须垂直的，目的要明确，因为扫码的用户想要的是立即看到自己需要的内容，他们并不喜欢复杂的分类。因此，内容必须要简单、清晰、实用。

4. 将二维码放在正确的地点进行展示

不要在人群来往速度较快的地点展示二维码，例如高速公路广告牌、人行道边的灯箱、路边橱窗、高杆灯箱等，都不适合放上二维码。反之，公交车站旁的灯箱、餐厅的桌角、电影院排队处等，人们会比较放松，同时注意力也比较分散，加上手机信号较好（最好有 Wi-Fi），因此适合展示你的二维码。

9.2 社会化媒体与自媒体的博弈

任何市场的发展轨迹都是有其相似之处的：最初时，草莽生长、圈地为王，谁的速度最快、谁的起点更高，谁就能在市场中成为胜利者；而当市场本身扩展得足够大之时，这样的逻辑就不再成立，因为垂直细分趋势在市场中开始确立，新的博弈不断上演。

从门户网站、搜索引擎到电商网站、社交网络等，都经历过从综合性、全面性的网站走向垂直细分的各自领域，这样的发展轨迹几乎是完全相同的。而传播领域也同样如此，自媒体正在凭借微博、微信轮番带来的风口向社会化媒体发起挑战。

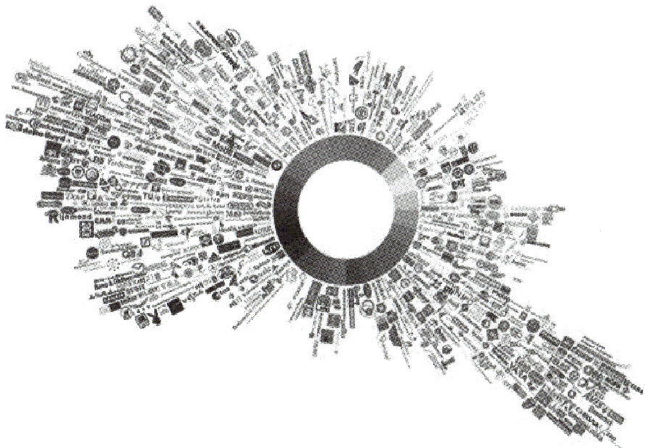

从 2014 年移动互联网的广泛发展、传播效率和社交能力来看，自媒体的崛起已经是无法阻挡的势头。以科技自媒体为例，目前这一领域的自媒体竞争最激烈、模式最成熟同时市场也相当繁荣。而随着市场发展，在母婴、教育、汽车、旅游、娱乐、文化等领域，也都开始出现越来越多的个人自媒体、企业自媒体，配套的自媒体联盟和商业模式也开始参与进来。

例如，“欧美内参”目前拥有10多万名粉丝，是业内非常知名的细分领域自媒体。该自媒体从一开始就将需求人群定位为日渐庞大的移民、留学和海外旅游用户，将层层筛选的精品内容提供给用户阅读、学习和使用。伴随近年来移民、留学、海外投资和旅游市场的不断壮大，用户群对欧美社会有更加强烈的了解需求，每天都有上千人通过该微信公众号来了解相关信息。

目前，欧美内参公众号的粉丝遍布全球70多个国家，其自媒体的辐射力已经初步形成。在这样的基础上，欧美内参团队已经发展成为O2O模式开始盈利，如通过创建移民俱乐部、留学训练营和组织海外的旅游团队，包括提供签证、海外投资、置业、旅行服务等一系列专属特定人群的服务。

对于自媒体而言，其发展的趋势是不言而喻的：想要在同传统社会化媒体的竞争中得到平衡地位乃至进一步领先，就必然要走向垂直化的方向。这意味着自媒体必须立足于服务某个行业、某个地区，因为传统媒体常常面向全国或所有行业，更多只是信息层面的交流和互动，而面向本地和特定人群的自媒体则能够同创业者相结合，生产垂直化的内容，包括开展本地线下活动、拓展本地市场等，这些正是传统媒体难以做到的。

自媒体还能够更进一步发展，即无需有企业作为背后的支撑实体，而是将自媒体本身作为创业内容。

例如，美食类自媒体在目前就拥有着不错的发展机会。在传统媒体主导时代，人们选择餐饮商家大多并不会依靠媒体广告，而是或者选择朋友的口碑传播，或者依靠自己去不断尝试，最多会选择大众点评等网站，但即使是这样的网站也并不一定精确。由于大量的水军发布消息，餐饮评价显得并不“垂直”，而是被不断稀释干扰。在这样的情况下，美食类自媒体就能够用不同的角度去对餐饮企业的产品和服务进行评测，并第一时间将评测感受形成文字和图片，成为自媒体内容，向用户人群传播。而采取这种商业模式的美食类自媒体往往又结为联盟，对用户资源进行共享，并互相提高影响力。例如，搜狐平台上的武汉美食自媒体联盟，每年获得当地某餐饮知名品牌30万的推广费，走出了一条不同的创业之路。

自媒体之所以能够伴随移动互联网的崛起而迅速成长，是因为其改变了社会传播基本链条上的不同环节。

例如，传统媒体关注三大问题：谁生产内容、什么样的内容和内容怎样传播。而自媒体则将这三个问题的答案进行充分融合。

1. 自媒体能够包容更多的内容生产者，和之前只有记者和少数专栏作者、资深作者为社会媒体撰写稿件不同，移动互联网下，每个人都有机会成为作品的原创者，无论是企业内、行业内还是在某个领域有特长的人，都能够为垂直型企业提供垂直的内容。

2. 自媒体所提供的内容更加符合移动化、专业化的需求。传统媒体受到更多控制，也受自身习惯所限，显得不够专业也不够活泼，或者让用户感到枯燥乏味，又或者让用户感到隔靴搔痒无法满足需求。而自媒体经常只是针对不同的小范围人群提供内容，能够很好解决问题。

3. 自媒体能够借助移动互联网作为传播渠道，这就能够让同一群受众在不同的端口上接收内容，无论是PC、Wap还是APP，或者是在微信、微博和客户端上，这些受众都能接触到自媒体的内容，大大增强了自媒体的传播能力和影响力，并具有垂直创业所必须的良好精准性和互动性。

同时，在传统社会媒体的发展过程中，链条是单向的：传统媒体获知事实——媒体记者生产内容——编辑在专业媒体平台对内容进行发布——到达受众，到此为止，受众无法及时反馈。而自媒体模式下，当事人可以直接生产内容，并进行及时加工，随后通过自媒体渠道直接向精准人群发布，并可以随时获得反馈。

当然，自媒体也并非毫无劣势。事实上，自媒体的发展正在受到两方面的限制。

1. 内容泛滥，质量参差不齐

众所周知，自媒体的内容质量水平是制约自媒体发展的瓶颈所在，即使同一个作者，不同时间段、针对不同具体问题发布的内容也会受到各方面影响而难以保证质量的一致性。

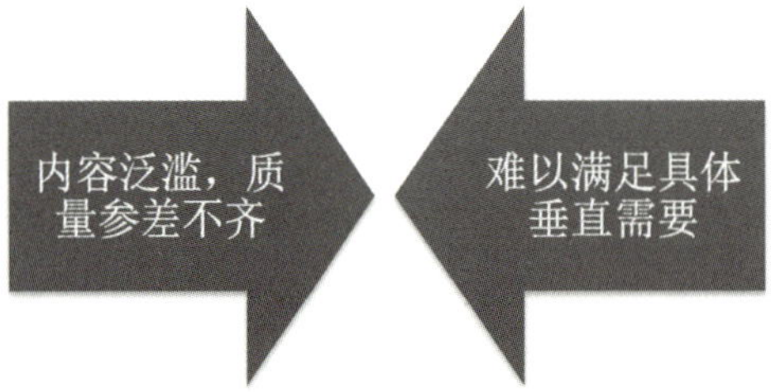

2. 难以满足具体垂直需要

除了科技领域，客户们受到传统媒体的影响很深，当他们有某方面垂直需求时，又无法找到合适的自媒体资源来满足，结果导致自媒体的分类依然不够重度垂直，难以增加粉丝。

创业者想要从自媒体的发展中获取同社会化媒体的博弈，起码要做好下面几点。

1. 自媒体要做到机构化、资本化运作

不要小看貌似简单的自媒体，因为个人和单个企业的力量，虽然能够构建起自媒体，但并不一定能让自媒体满足垂直人群的需要。为此，需要积极引入资本，进行机构化运营，努力将自媒体的内容质量提升上去，然后再利用服务意识和反馈速度进行商业化运作，从而在行业中立足并得到帮助企业变现的机会。

2. 自媒体要提供服务

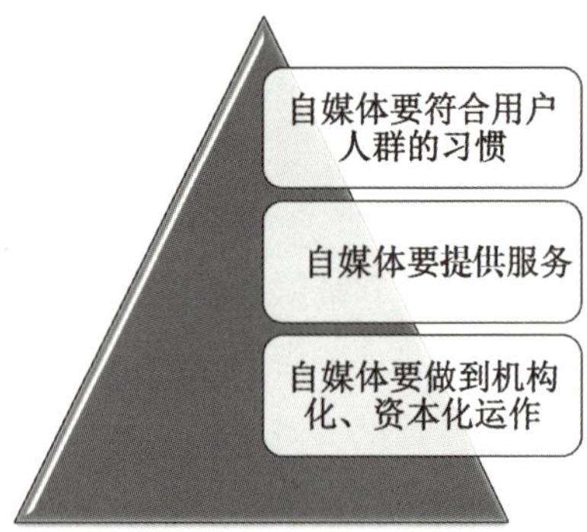

自媒体如果不提供服务，就无法产生应有的价值。企业不妨将自媒体当作打造品牌的手段，通过自媒体来引导人群接触企业的专业能力、销售能力和服务能力以实现盈利。

3. 自媒体要符合用户人群的习惯

目前，各行业各领域用户人群的阅读习惯越来越接近于移动化。因此，自媒体在打造内容时，一定要符合手机浏览的习惯，在开篇就抓住用户群，并保证内容的集中有效。

9.3 场景化推广，去中心化

垂直化传播、运营和推广，最重要的就是企业是否能够造就一批属于自己的粉丝。而如何迅速获得粉丝，也正是很多垂直创业者最难以解决的问题。

例如，一家从事社区层面O2O运营的企业，想利用企业微信，将小区内部的居民进行连接，然后让这些居民都能够充分互动，最后再去吸引感兴趣的新用户。当然，最终目的是希望这些粉丝能够推动企业的线下服务。创业者认为，在企业所在的一线城市，3个月内增长1万名粉丝是可以达到的目标。但企业很快就面对难题：怎样实现推广？

按照创业者的思路，将采取小区广告、社区达人活动、QQ群、线下商家合作等方式来进行微信号推广，但这些方法分别使用之后，并没有产生太好的效果。

其实，类似的情况在垂直创业中并不少见，即使他们综合运用了很多看似新颖的推广方法，总体效果却依然不佳。这是因为影响最终传播效果的，并不仅仅是推广时表现的价值，而要看到用户在什么场景下关注你的垂直推广内容，换而言之，只有在用户最关切的需求呈现的场景下进行推广，才最容易得到用户青睐，解决了这个问题，创业者才需要考虑具体通过哪些渠道来推广。

在场景化推广产品和服务的实践中，有的企业属于成功者，也有的企业属于失败者。例如，专注于向手机安全需求者提供服务的360手机卫士，当用户收到流量不足的短信提醒时，就会在这种特殊场景下，向用户推送通知，引导用户去购买流量包。相反，携程网曾经和太平洋保险进行合作，在其手机APP的订票栏目上推广其航班延误险，然而，虽然推送的对象并不少，但实际推广效果却并不好。

虽然都是进行场景推广，但结果却有着显著的区别。这种区别在于场景化推广是否真正建立在去中心化上、是否真正实现了对用户人群心智的改变。观察那些已经成功的垂直产品就能发现，它们几乎无一不是打造新场景的高手，例如陌陌之所以从微信帝国的重压中突围而出、成功在美国上市，最本质的原因在于其将用户带入了截然不同的陌生人社交场景；小米之所以能够迅速获得自己的粉丝群体，是因为其无时无刻不在构建用户能够用小米的智能硬件进行操作的场景；阿里之所以能够成为移动支付当之无愧的第一名，是因为支付宝支付的场景最为强大。可以说，在互联网时代创业，需要的是流量和入口，而移动互联网时代，创业争取的则是场景。

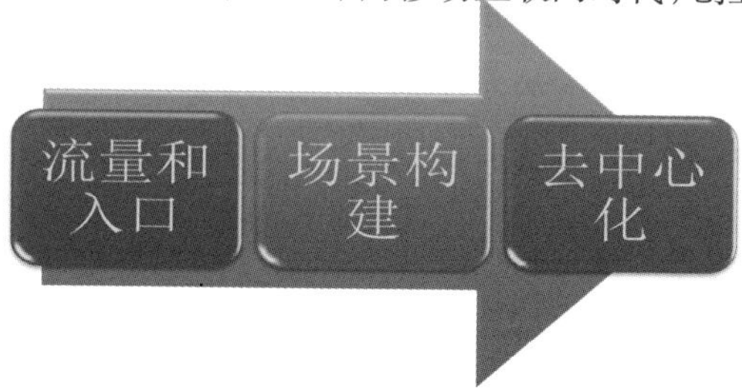

当你对垂直产品和服务进行场景构建时，必须围绕去中心化这个概念进行。一批传统行业已经开始打通线上线下，扩充其去中心化进行推广的战略。

所谓中心化，是指有专门工作人员生产内容的门户网站，例如新浪、网易、搜狐等，人们将之称为 WEB1.0 模式；而去中心化，则是指在互联网平台上，所有用户都能够参与生产，有着相同的权力等级，这被称为 WEB2.0 模式。自媒体如新浪微博、腾讯微信等，实现了互联网上内容的垂直化和去中心化，而产品推广的垂直化，自然也离不开去中心化的实现。

去中心化推广，意味着企业的产品和推广将不需要统一入口，用户既不需要百度之类的综合搜索，也不需要淘宝之类的电商平台，而是通过二维码或者微信直接进入企业的网上店铺实现消费。相对而言，这样的推广模式能够更大程度激发用户随机的冲动消费，而中心化的推广模式只能满足用户主动搜索和追求便宜的需求。

为了实现去中心化的推广模式，垂直企业就不应该再停留于研究如何投放广告进行推广，而是要主动深入用户可能停留的场景中，和他们进行面对面交流，通过积极沟通互动，获得粉丝的关注，发挥对用户心智的影响力，带来持续购买和流量，做到稳定经营。而想要获得这样的效果，场景化推广离不开下面因素。

1. 场景化构建的过程要自然

场景化的构建要顺理成章，要让用户感觉是合乎其生活需要的、有逻辑的，是在合适的条件下触发其接受行为的，而并非无中生有甚至令用户感到反感的。无论你的推广渠道是微信、短信还是电话，都应该比较自然，而不会让用户觉得突兀地进入某种传播场景。

2. 场景化构建的细节要具体

分析某些推广方式，虽然利用了不错的渠道，但产品推广效果依然不佳，其中很大原因就是因为场景不够具体，细节不够打动人，导致对用户的推动力不足。创业者需要了解用户日常生活的习惯，看准哪些机会是能够引导其转向关注产品和服务的，并将这些机会作为关键的推广环节来打造，影响并培养更多用户群体。

场景化构建的过程要自然

场景化构建的细节要具体

场景化传播要多利用外界的引发点

3. 场景化传播要多利用外界的引发点

即使客户将企业的 APP 装入手机，也并不意味着他们会主动使用，导致场景化的传播虽然存在，但却难以影响到每个客户的具体生活。因此，企业要利用移动互联终端的使用环境，包括位置信息、通知栏信息、短信信息等，将场景化的入口置入这些信息中，然后引导用户在看到信息时能够进入场景化推广环境中。这对于创业者是很有必要的。

例如，你可以运用位置信息，向周边顾客推送餐饮信息；利用通知栏信息，通知顾客关注最新款的时尚服饰；或者利用短信信息，让顾客关注到你的金融产品等。当客户群体形成习惯之后，一旦看到这些信息就能很快联想到你的产品和服务，这将能带给他们更好、更直接的体验。

9.4 抓住痛点，先打针后吃药

互联网垂直创业，表面的困难看似在于产品和服务的深度、细分，但更大的困难隐藏在对产品和服务的推广上。事实证明，无论是国内还是国外的产品或服务，只要一旦被用户接受，很快就会有一堆接近的产品出现在市场上，而这种情况导致最先创业者的利益大大受损，而模仿者则更是步履蹒跚。想要改变这样的局面，就需要创业者能够在传播时抓住用户痛点，以产品和服务来让用户感到满意，这样才能用极致的传播让创业走上成功道路。

痛点传播，是指在传播中侧重突出用户原本的期望未能满足而造成的物质或精神上的不满，这种不满最终会造成用户产生负面情绪，让用户感受到痛苦。如果互联网垂直企业能够利用这样的痛苦去传播产品和服务，痛点传播就能顺利进行。

痛点传播的核心，是用户基于痛苦和快乐之间的对比，因此，想要利用好痛点，就要在传播中首先让用户感受到物质上的缺憾，让用户感到不购买你的产品或服务，就会产生痛苦；而在精神上，也要让用户感觉，只有先占有了产品，才能解决满意度和愉悦度上的矛盾，才能获得兴奋。

美啦美妆创始人张博打造出了被他称为“美丽漏斗”的美啦美妆社区。在这个社区中，用户只要聊到相关话题，就会出现和话题内容有关的产品推荐。例如，只要用户对话中出现某品牌的化妆水，社区系统就会识别该品牌化妆品，并主动向用户进行推荐。

张博说，之所以创建该社区，源自于他发现中国女性的“痛点”。在物质上，她们不知道应该选购怎样的衣服和化妆品让自己变得更美，而精神上，她们又希望自己能够变得漂亮，以表示对家人、同事、朋友的尊重。对于中国年轻女性来说，无论从物质还是精神上，都存在着无法满足的痛点。

正因如此，美啦美妆在进行传播时，总是将产品和服务同女性如何表达美丽结合起来，并转化为一个个看似微小但却急需解决的痛点，例如“哪一种粉底更适合我的皮肤”“这样的天气用什么防晒霜更好”等。而社区在捕捉到用户聊天记录时就迅速给出相关链接，无疑是提供了“打针”的途径来马上止疼。等用户习惯了这种方式之后，她们就会主动寻找社区平台上相关产品来满足购买需要，这就是进一步的“吃药”途径。

可以说，任何一种产品想要在移动互联网时代做到垂直传播，就要利用这种先打针再吃药的方法，让顾客发现他们未被满足的刚性需求，然后通过传播产品或服务的概念，来刺激这样的刚性需求，让他们感到痛苦。而更重要的是，这种刚性需求必须是针对某种特定人群的，例如爱美是年轻女性的刚性需求、学业成绩是大多数普通学生的刚性需求、升职加薪是职场人的刚性需求等。

怎样才能找准客户的痛点进行集中性地传播呢?

1. 先找到没有被满足的需求

观察产品和服务针对的特定人群，有哪些需求是没有被同行业所满足，但同时又是客户非常希望得到满足的。在界定了基本的范围之后，再根据特定人群具体的性格、背景、年龄、职业、收入等，找准其未获满足的需求点。

2. 向用户强调，自己可以满足他们的需求。

要围绕满足的途径（产品或服务），强调自身的价格更低甚至免费，同时还能提高效率，节省用户时间、提升用户体验。

在这个步骤中，你应该让用户接受“打针”，即接受你的主动传播。为此，你必须要让传播过程简单、易行，容易被用户发现，也容易转化成为用户主动融入的行为。需要重视的是，在这个步骤中，不要让用户感受到产品或服务的复杂性，不要让用户去思考、等待或者感到厌烦，因为大多数人讨厌学习和体验复杂的东西。

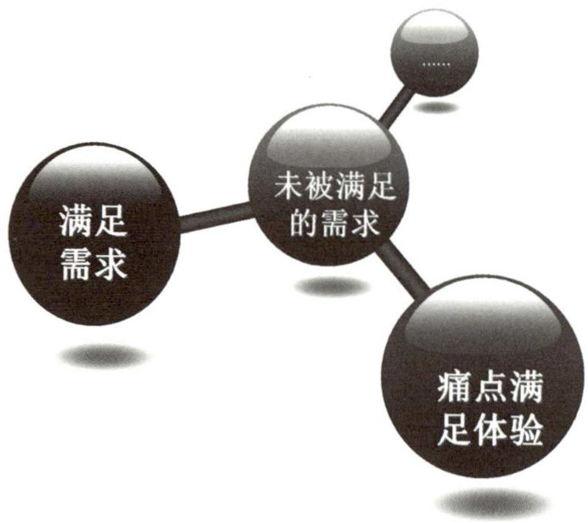

3. 传播过程中，要大幅度地提高用户在其痛点上的体验

例如，YY软件作为一款语聊产品，其传播模式是这样的：首先找到最需要网络即时沟通的人（网络游戏玩家），然后向他们介绍沟通的方式（文字聊天、语音聊天），最后，通过展示产品功能，让他们意识到软件可以让游戏沟通过程变得更加高效、更加便捷。而用户在沟通痛点上的体验也就随之提升了。

总体上来看，产品和服务的推广，必须要强调用户在痛点上满足的数量、效果和品质三方面，只有让用户相信自己这三方面的收益，他们才会接受“打针”和“吃药”，以便在有限时间中获得更多的满足。

为了能够更好地进行痛点传播，创业者应该积极和客户进行互动、交流，在服务中寻找到用户群体的痛点。例如，通过网络论坛、微信平台的线上交流，或者线下的客服热线、门店和营销经理的交流，直接聆听客户的需要和意见，通过接触客户来获得第一手服务资料，从而准确了解客户的消费心理和诉求。

另外，还应该围绕搜集到的信息，仔细分析其中存在的问题、用户的想法，洞察用户的痛点所在，了解他们的兴趣和需求，第一时间找准差异化传播的目标和落脚点，从而将用户的痛点转化成为传播的兴奋点，促进传播的聚焦，进而创造价值、提升效益。